汉语教学名家讲坛

# 华语教学新探

吕必松 著

北京语言大学出版社
BEIJING LANGUAGE AND CULTURE UNIVERSITY PRESS

**图书在版编目（CIP）数据**

华语教学新探 / 吕必松著. — 北京：北京语言大学出版社，2012.8

ISBN 978-7-5619-3351-0

Ⅰ.①华… Ⅱ.①吕… Ⅲ.①汉语—对外汉语教学—教学研究 Ⅳ.①H195.4

中国版本图书馆 CIP 数据核字（2012）第 190072 号

**书　　名：** 华语教学新探
**责任编辑：** 徐　雁
**责任印制：** 汪学发

**出版发行：** 北京语言大学出版社 BEIJING LANGUAGE AND CULTURE UNIVERSITY PRESS
**社　　址：** 北京市海淀区学院路 15 号　　**邮政编码：** 100083
**网　　址：** www.blcup.com
**电　　话：** 发行部　8610-82303650 / 3591 / 3651
编辑部　8610-82303647 / 3592 / 3395
读者服务部　8610-82303653 / 3908
网上订购电话　8610-82303668
客户服务信箱　service@blcup.com
**印　　刷：** 北京中科印刷有限公司
**经　　销：** 全国新华书店

**版　　次：** 2012 年 8 月第 1 版　　2012 年 8 月第 1 次印刷
**开　　本：** 787 毫米 ×1092 毫米　1/16　**印张：** 16.25
**字　　数：** 270 千字
**书　　号：** ISBN 978-7-5619-3351-0 / H·12130
04200 元

# 前言

笔者曾于1991年，即菲律宾华文教育研究中心成立之初，应邀前往马尼拉担任华语教学讲习会主讲。20年后，于2011年再次应华教中心之邀，先后在马尼拉和三宝颜两地担任华语教学讲习会主讲。这次在马尼拉的讲习会7月23日开幕，8月7日闭幕。跟1991年第一次讲习会的安排一样，也是讲课三周，每个周六和周日讲课三次，共讲九次。8月9日至10日在三宝颜讲课三次。马尼拉的讲习会由菲律宾华教中心主办，陈延奎基金会赞助，三宝颜的讲习会由菲律宾华教中心、棉兰老地区华教协会和中华中学联合举办。笔者在马尼拉的讲题是《华语教学新探》，在三宝颜的讲题是《汉语的特点和汉语教学路子》。本书就是在马尼拉的讲稿的修改稿，在三宝颜讲课的内容就包括在内。

《华语教学新探》较为系统地介绍了组合汉语和组合汉语教学，突出了汉语的特点以及基于汉语特点的汉语教学路子、教学模式和教学方法，阐明了按照汉语的特点教汉语的原则和思路。

这次把讲题叫做“新探”，是因为这是20年前所作的《华语教学讲习》之后对汉语教学所作的新的探索，不但修正了《华语教学讲习》的某些缺陷，而且在理论和实践上提出了新的主张。笔者在《华语教学讲习》之后的新的探索，首先是对汉语特点的探索。语言学是语言教学最重要的理论依据，对语言教学的认识，无不反映对所教语言特点的认识。一直支配我们的汉语教学的核心理论包括语言三要素理论和词本位理论，以及基于这类理论的语言习得理论，尤其是“听→说→读→写”言语技能习得顺序理论。我们在对外汉语教学中遇到的最头疼的问题是“汉语难学”，尤其是“汉字难学”。在许多人看来，汉语和汉字“难学”就是导致汉语教学的质量和效率难以提高的深层原因。所谓“汉语难学”、“汉字难学”，是由汉语和汉字本身固有的特点决定的，还是另有原因？这就是新的探索要解决的首要问题。寻找“汉语难学”、“汉字难学”的原因，是引导笔者进行新的探索的根本目的；破解提高汉语教学的质量和效率的难题，是促使我进行新的探索的最大动力。从“词本位”到“字本位”，再到

"组合汉语"，并根据对汉语组合特点的认识提出了"汉字本位，随文学语，口语教学和书面语教学逐渐分流"的全新的教学路子以及与新的教学路子相适应的新的教学模式和教学方法，就是笔者在这一时期进行新的探索的足迹。初步的教学实践已充分证明，组合汉语教学路子、教学模式和教学方法可以使汉字学习化难为易，进而使汉语学习化难为易，从而可以大幅度提高汉语教学的质量和效率。初步的教学实践也已充分证明，所谓"汉语难学"、"汉字难学"，并不是汉语本身固有的特点决定的，而是教学不得法所造成的负面效应，而汉语教学不得法是因为相信了语言三要素理论、词本位理论和"听→说→读→写"言语技能习得顺序理论。怎样认识汉语的特点，怎样根据汉语的特点教汉语，为什么根据汉语的特点教汉语就能使汉语和汉字学习化难为易，从而大幅度提高汉语教学的质量和效率，就是《华语教学新探》的主要内容。

这次讲习会是为庆祝菲律宾华教中心成立20周年举办的系列活动之一，菲律宾华文教育界和相关部门对这项活动高度重视，《华文教育》、《商报》、《华报》、《华社动态》、《世界日报》、《菲华日报》、《联合日报》等媒体都作了大量报导。

马尼拉的讲习会，讲堂就设在一家著名的五星级大酒店——世纪公园大酒店宴会厅，有来自34所华校的400多位华语教师全程出席。在开幕式上，华教中心主席颜长城，陈延奎基金会董事长陈永栽，中国驻菲律宾大使刘建超，菲律宾商总理事长庄前进，先后发表了热情洋溢的讲话。华教中心副主席黄端铭对笔者作了详细的介绍和热情的鼓励。在闭幕式上，颜长城主席、陈永栽董事长、学员代表蔡美美老师等又在热情洋溢的讲话中给了笔者许多鼓励。出席开幕式或闭幕式的还有华教中心咨询委员陈本贤、庄中坚，侨中学院名誉董事长杨美琼、董事长李淑敏、副校长蔡艺术等华社和华文教育界的知名人士。讲习会一直由华教中心师资部主任杨美美老师主持。我的两位老朋友，侨中学院的陈安邦先生和蔡永年先生，全程为讲习会录像和拍照。陈安邦赞助了讲习会全程录像，蔡永年赞助了开幕式合影和讲习会照片。

三宝颜的讲习会，有来自多所华校的将近100位华语老师全程出席。菲律宾商总文教主任李文先生和文教秘书胡颖利女士，菲律宾华教中心交流部主任郝海庭老师，中华中学王文墙永远名誉董事长、林便良董事长、林贻土董事和夫人、陈炳辉董事、蔡双杰校长、吴颂彬副校长，棉区华教协会会长徐奋忠校长等各界知名人士，出席了开幕式或闭幕式。林便良董事长、蔡双杰校长、李雯主任、郝海庭主任、吴颂彬副校长、徐奋忠会长等先后在开幕式或闭幕式上发表了热情洋溢的讲话，都给了笔者极大的鼓励。

刘建超大使除了在马尼拉出席讲习会开幕式并发表重要讲话以外，还在官邸专门接见并宴请了我和夫人，进行了十分亲切的交谈，使我们深为感动，深受鼓舞。

陈延奎基金会董事长陈永栽博士在百忙中拨冗宴请了我和夫人，也使我们深为感动，深受鼓舞。

华教中心咨询委员陈本贤博士是我的老朋友，这次又和夫人曾莉莉设宴款待了我和夫人，还带领我们参观了他的办公室和府第。在畅谈华文教育的同时又增进了相互了解和友谊。

这次赴菲讲学，我和夫人在工作和生活上得到了菲律宾华教中心、陈延奎基金会和中华中学无微不至的关怀和照顾，也得到了许多老朋友和新朋友的关心、帮助和热情款待，令我们终生难忘。

时隔20年再次访问菲律宾，我不但看到了菲律宾华文教育取得的非凡进步和重大成就，而且感受到了菲律宾华社和华文教育界的同行和朋友们进一步改革华文教育的巨大热情和决心。与会老师们对组合汉语和组合汉语教学的浓厚兴趣和学习热情，给我留下了深刻的印象，使我倍受鼓舞。菲律宾华社和华文教育界发展华文教育的热情和团结进取精神，使我们对菲律宾华文教育的未来发展更加充满信心。

借此机会，祝菲律宾华文教育事业更加蒸蒸日上，再次向所有关心和帮助过我们的各界领袖以及华文教育界的同行和朋友们表示深切的谢意。

作者

2012年6月21日

# 目　录

# 开场白

首先感谢菲律宾华教中心再次给我机会，让我前来会见老朋友，结识新朋友，继续讨论我们共同关心的华语教学问题。

我好像又回到了1991年。当时我受菲律宾华教中心的邀请，前来跟这里的同行和朋友们讨论华语教学。从1991年11月到现在，时隔将近20年。我不知道20年的时间是很长还是很短。如果说20年的时间很长，为什么回忆起当年讲习会的情景，好像就发生在昨天？为什么当年结识的年轻的朋友们还是这样年轻，年长的朋友们还是这样神采奕奕？如果说20年的时间很短，菲律宾的华文教育怎么能在这样短的时间内发生了如此巨大的变化？我怎么看到了当年的俊男美女有的也露出了点点白发？是不是因为对华语文教育过于多情而早生华发？我自己怎么也变成了一个白发苍苍的老头子了？由此我领悟到：世界上最强大的力量是时间，一天就是一天，一年就是一年，谁也改变不了；由此我也领悟到：世界上最巧妙的力量是人的智慧，在同样的时间内，智者可以做更多的事情。“百年树人”，说的是教育需要很长的周期，菲律宾的华语文教育在不到20年的时间内竟然发生了如此巨大的变化，就是因为有一批无私奉献的智者在跟时间赛跑。

我们每个人都在紧跟时间的步伐。不跟也不行，天黑了你就不可能还停留在白天。问题在于能不能在有限的时间内走更长的路程，在有限的时间内走更长的路就是跟时间赛跑。跟时间赛跑不但不能惜力，而且要选好路线。我常把语言学习和教学比做走路，走路一定要选好路线。从出发点到目的地，有直线，也有曲线。走直线就是走近道，走曲线就是走远路。走远路就要多花时间和精力。本来只有一天的路程，却走了两天甚至三天，就是因为走了远路。其实谁也不想走远路，只是苦于有时不知道哪是近道，哪是远路，有时看似近道，实为远路。怎么办？不妨几条路都走走，比较一下，到底哪条路远，哪条路近，哪条路更近，哪条路最近。这就叫探路。并不是所有的人都愿意探路，也不必让大家都去探路，都去探路太浪费。通常是由少数甘心为大家服务的人先探，免得让大家都把宝贵的时间花在探路上。少数人多花时间和精力去探路，就可以让大家节省时间和精力，让大家都能在有限的时间内走更长的路程。

华语教学是一件非常复杂的事情，要涉及诸多必须研究的问题，还要理顺各种错综复杂的关系。菲律宾的华语教学已经走过了很长的路程，最近20年的改革，成绩更加显著。从明确教学思路到编写教材，从制定课堂教学规范到制定考试标准，从设计教学方法到编写标准教案，从小范围试验到逐步推广，都经过细心探索。走过这样多的程序，一步一个脚印，步步都是改革，仅用不到20年的时间，就探出了一条比过去更近的路，使菲律宾的华语文教育走上了自觉发展的道路，教学的质量和效率得到了显著的提高，教师队伍也更加壮大。这是一项了不起的成就！作为这项改革的支持者之一，我深感荣幸！借此庆祝菲律宾华文教育研究中心成立20周年的机会，我向菲律宾华教中心，向菲律宾华语文教育界的全体同行和朋友们，表示由衷的祝贺！

大家都说汉语难学，“汉语难学”似乎已成了不争的事实。为什么不说英语难学、法语难学，偏偏要说汉语难学？说汉语难学，首先是因为学习汉语需要学习汉字，而汉字跟拼音文字截然不同。世界上大多数文字都是拼音文字，对习惯了拼音文字的人来说，看到汉字就觉得很特别，一个汉字就像一幅图画。把汉字当图画学，怎么会不难！现在想学汉语的人越来越多了，随着世界“汉语热”的兴起，人们更加关心的是：能不能使汉语学习变得容易一些？怎样才能使汉语学习变得容易一些？时间就是生命，在这瞬息万变的信息时代，时间对每个人都更加宝贵。希望用最少的时间学到最需要的汉语，是汉语学习者的共同愿望。如果能找到一条学习汉语的更近的路，让汉语学习者都能用最少的时间学到最需要的汉语，也让汉语教师都能在有限的时间内教得更多更好，让大家都能在有生之年做更多的事情，岂不等于帮大家延长生命？可是，“汉语难学论”至少已经流行了一百多年，而且已经深入人心。如果有人说汉语容易学，不少人都会不假思索地举手反对。“汉语容易学”的说法不是没有，不过那是广告用语。在不少人看来，“汉语难学”是汉语本身的特点决定的，是无法改变的。不过，并不是所有的人都支持“汉语难学论”。好比有正反双方在辩论，正方的论点是：“汉语难学”是汉语本身的特点决定的，无法改变；反方的论点是：“汉语难学”不是汉语本身的特点决定的，我们可以找到一条更近的路，使汉语学习化难为易。我一直在寻找汉语学习和教学的更近的路，所以就站在反方一边。

我把自己比做汉语教学的探路者，我出版的第一本书就叫《对外汉语教学探索》。上次在这里讲演的内容，就是后来集成了一本叫《华语教学讲习》的小书（北京语言学院出版社，1992），也是我在那个阶段“探索”的心得。我这次的讲题是《华语教学新探》。讲“新探”，是因为最近十多年来，我一直在研究汉语的特点，研究怎样按照汉语的特点进行汉语教学。我根据对汉语特点的新的认识，设计了一种新的教学路子，经过教学试验，果然发现，汉语教学确实有一条更近的路，走这条路可以大幅度提高汉语教学的质量和效率。根据局部试验的结果推断：在教学质量上，可以使书面汉语和口头汉语得到同步发展，避免出现“瘸腿”现象；在教学效率上，大学生用 800 ~ 1000 课时，中小学生用 1200 ~ 1500 课时，就可以基本达到读、写、听、说全面过关。什么是读、写、听、说全面过关？我们的标准是：

1. 掌握 2000 ~ 3000 个最常用的汉字以及由这些汉字组成的至少 5000 ~ 6000 个常用词语，字词总数达到 7000 个以上；

2. 全面掌握汉语基本句、基本复合句和多重复合句的各种句型，能够顺利地用汉语进行口头和书面交际；

3. 能够直接用汉语思维，多年不用也不会有太多的遗忘。

基本达到读、写、听、说全面过关以后，如果还在中学学习，就可以直接学习中文文学作品，在继续提高汉语水平的同时也提高文学修养；如果在大学学习，就可以直接用汉语学习所选的专业。

我这次讲“新探”，就是要向菲律宾的同行和朋友们报告我的最新探索，并跟各位一起探讨：新的教学路子对菲律宾的华语教学是不是适用？能不能操作？哪些地方还需要修改？

人们说汉语难学，是跟学习其他语言——如英语——相比较而言，就是认为学习汉语比学习诸如英语等其他语言难。菲律宾的中小学生都学习英语，我们有条件进行这样的对比：基本达到读、写、听、说全面过关，学习英语要多少课时，学习汉语要多少课时。比较的结果如果能证明，学习汉语需要的课时不比学习英语需要的课时多，我们就可以说，汉语不比英语难学；比较的结果如果能证明，学习汉语需要的课时比学习英语需要的课时还少，我们就可以说，汉语比英语容易学。世界上把英语作为第二语言学习的人最多，如果能证明汉语不比英语难学，甚至能证明汉语还比英语容易学，我们反方就是这场辩论的获胜方。

我知道，学习一种第二语言，语言环境非常重要，而菲律宾的英语环境比华语环境好。即使如此，如果菲律宾的同行和朋友们觉得新的教学路子对菲律宾的华语教学也有用，也能操作，或者作些修改就可以操作，我们也不妨试一试。采用新的教学路子，至少可以把华语教学的质量和效率再往上提高一步，使菲律宾的华语文教育再上一个新台阶，使菲律宾的华语文教师和学生普遍受益。

我想特别说明，改变教学路子不是一件轻而易举的事。首先要转变观念，同时要根据新的观念制订教学大纲，用新的观念指导教材编写、课堂教学和测试。这不但难度大，工作量也大。最难的是转变观念。我们一直在用西方语言的眼光看待汉语，用西方语言学的理论指导汉语研究，用教西方语言的方法教学汉语，已经形成了一整套的理论和方法，这套理论和方法已经为大家所熟悉，甚至已经形成了使用这套方法的习惯。要改变教学路子，就必须从已经熟悉了的理论和方法中解脱出来。我把这种解脱比做“洗脑”，“洗脑”当然很难，甚至痛苦。我的研究过程就是自我“洗脑”的过程，所以深有体会。要改变教学路子，还要改变教学习惯，习惯是潜移默化的，从某种意义上说，要改变更不容易。不过不必过于担心，我在自我“洗脑”之后提出的新的理论、路子和方法，经过进一步梳理，再跟现有的教学路子和教学经验对接起来，也许不难理解，也不难操作。只要先试验，后推广，在试验和推广的过程中抓紧教师培训，完成下一步改革就用不着再花20年的时间。对学生来说更不成问题，老学生还用原来的教材，新学生才用新教材，新教材要继承老教材的优点。新学生不需要“洗脑”，也不需要改变学习华语的习惯，你教什么他就学什么，你怎么教他就怎么学。

老师们要转变观念和改变习惯，就必须学习一些新知识，尤其是关于汉字和汉语特点的知识，其中最重要的是关于汉字和汉字教学的知识。我这些年研究汉语教学有一个最重要的发现，这就是：汉字教学好比汉语教学的“牛鼻子”，只要紧紧抓住了这个“牛鼻子”，汉语教学的质量和效率就可以得到提高。怎样才算抓住了这个“牛鼻子”呢？只是让学生学会认字、写字，还不能算抓住了这个“牛鼻子”。所谓抓住了这个“牛鼻子”，就是在了解汉字的性质、特点和规律以及汉字在汉语中的地位和作用的基础上，建立起科学的汉字教学系统，用汉字教学系统去统领整个汉语教学系统，把汉字教学跟汉语教学统一起来。怎样做到这一点，就是我这次讲习的核心内容。上次的讲习，我没有把汉字教学作为重点进行专门讨论，只用了一页多一点儿的篇幅讲“写字训练”。那是因为我当时对汉字缺乏研究，对汉字在汉语中的地位和作用缺乏认识，对汉字教学的重要性估计不足。我对此深感歉疚，希望这次能够弥补。

这次讲习还是分九讲，九讲的题目已在本讲稿的目录中列出。这九项内容，立足点是汉语的特点，中心是新的教学路子，关键是汉字和汉字教学。这九项内容也可以概括为一句话，这就是：怎样按照汉语的特点教汉语。

以上所说，就是我这次参加讲习会的开场白。开场白讲这些，是为了先向各位说明：我为什么再次前来参加这个讲习会，打算讲什么，为什么讲这些。接下来就要按照顺序，分九讲跟各位讨论九个题目。

# 第一讲　华语教学教什么

一、“教什么”是语言教学的首要问题

二、怎样走出华语教学“教什么”的误区

三、华语教学内容的范围和分类

四、字词句教学与语法、语音教学的统一

“教什么”是指教学内容。看到“华语教学教什么”这个题目，可能有人觉得奇怪。华语教学当然是教华语，我们天天都在教华语，每一课都有具体的教学内容，怎么不知道教什么呢？不错，我们都知道是在教华语，每一课都有具体的教学内容，每一课的教学内容教材上都写得清清楚楚，老师们都是按照教材上写的内容教的，不可能不知道教什么。不过，我这里所说的教什么，不是指具体的教学内容，而是指教学内容的范围和分类。怎样规定教学内容的范围，怎样对教学内容进行分类，要以一定的语言理论和语言学习理论为依据。语言理论和语言学习理论中的学术观点五花八门，各种不同的观点都会对教学内容的确定和分类产生影响。理论依据不同，确定的教学内容的范围就可能不同，对教学内容的分类也可能不同。从事语言教学，要善于从不同的学术观点中选择最适用的部分作为自己的理论依据。我们讨论华语教学教什么，就包括讨论怎样选择理论依据。

这一讲不得不提到的一些概念，大家不一定都十分熟悉。有些概念我会随时解释，有些概念要放在后面解释。没有随时解释的概念暂时不理解不要紧，先有个印象就行了，我们将在后面结合具体的例子陆续加以解释。

## 一、“教什么”是语言教学的首要问题

研究语言教学，一般都离不开“教什么”和“怎么教”这两个题目。怎么教和教什么是分不开的，研究教什么，是为了研究怎么教。怎么教是教学法研究的对象，教学法的内容可以细分为教学路子、教学模式、教学方法、教学技巧等。怎么教是由教什么决定的，只有首先知道教什么，才能进一步研究怎么教。例如，只有首先知道教汉语还是教英语，才能进一步研究怎样根据汉语或英语的特点设计教学路子、教学模式、教学方法和教学技巧。世界上没有对所有的语言都完全适用的教学法，如果有普遍适用的语言教学法，我们就可以选一部英语教材翻译一下用做汉语教材。而这是不可能的。

怎么教不但是由教什么决定的，而且也是由怎么学决定的。因此，研究语言教学，还要研究怎么学。研究怎么学，就是研究语言学习和习得的规律。怎么学也是由教什么决定的，例如，学习和习得汉语的规律跟学习和习得英语的规律就不可能完全相同，学习和习得汉字的规律跟学习和习得拼音文字的规律也不可能完全相同。

由此可见，无论是研究怎么教，还是研究怎么学，都要首先研究教什么。教什么是语言教学的首要问题。

我们用下面的图形表示教什么、怎么学和怎么教这三者之间的关系。

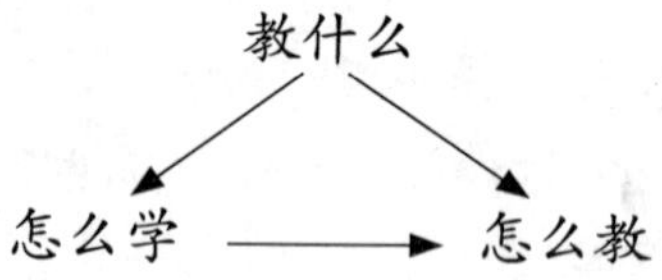


## 二、怎样走出华语教学“教什么”的误区

中国的汉语教学，包括作为第一语言的汉语教学和作为第二语言的汉语教学，在教什么的问题上一直受到“语言三要素”理论和“词本位”理论的支配。“语言三要素”理论认为，语音、词汇、语法是语言的三个要素；词本位理论认为，“词”是语言的基本结构单位。依据“语言三要素”理论，我们就把语音、词汇和语法作为汉语教学的基本内容；依据“词本位”理论，我们就把“词”作为汉语教学的基本单位。这就是汉语教学的误区。为什么说这是误区？因为“语言三要素”理论和“词本位”理论不符合汉语的特点和规律。根据这套理论进行汉语教学，就使汉语成了“难学”的语言。何以见得？我们就拿眼前的例子来说明。

为了准备这次的讲稿，我翻阅了一下上次在这里的讲稿《华语教学讲习》，想回忆一下上次讲过什么，这次好接着讲。看过目录就发现，我在那本小书中犯下了一个严重的错误。错在哪里？错就错在我当时所说的教学内容的范围和对教学内容的分类，不符合汉语的特点和规律。如果根据我当时所说的教学内容的范围和分类进行华语教学，就不可能使华语学习化难为易。

《华语教学讲习》共有九讲，其中有四讲是专讲“教什么”和“怎么教”的。这四讲的题目依次是：汉语语音的特点和语音教学，汉语词汇的特点和词汇教学，汉语语法的特点和语法教学，言语技能和言语交际技能训练。用将近一半的篇幅讲“教什么”，不能说对“教什么”的问题重视不够。可是，从这四讲的题目可以看出，我当时认为华语教学就是教语音、词汇和语法，就是在教语音、词汇和语法的过程中进行技能训练。语音、词汇、语法、技能就是我当时所说的华语教学内容的范围和对这些教学内容的分类。我当时的认识可以列成表 1。

表 1

| 语种 | 语言要素 | 言语技能和言语交际技能 |
|---|---|---|
| 汉语 | 语音、词汇、语法 | 听、说、读、写 |

为什么说表 1 所列的教学内容的范围和分类不符合汉语的特点和规律？因为从这里看不到汉语教学的一项最重要的内容——汉字，这说明我当时没有把汉字作为汉语的构成要素。汉字是书面汉语的要素之一，没有把汉字作为汉语的构成要素，是因为没有区分口头汉语和书面汉语。不区分口头汉语和书面汉语，汉字在汉语中就没有独立的地位。《华语教学讲习》中虽然讲到了“写字训练”，但是没有解决汉字的归宿问题，更没有建立起科学的汉字教学系统。我在前面的“开场白”中说过，汉字教学是汉语教学的“牛鼻子”，如果根据我当时的认识进行华语教学，就不可能抓住华语教学的“牛鼻子”。

我在《华语教学讲习》中对华语教学“教什么”的认识就来源于“语言三要素”理论和“词本位”理论，而这两个理论都源自西方普通语言学。西方普通语言学认为，语音、词汇和语法就是语言的三要素，文字不是语言的要素。这样的语言学理论在中国语言学界被奉为经典，如果有人说汉字是汉语的要素之一，就会被认为缺乏语言学常识。为什么不承认文字是语言的要素之一呢？因为在多数语言学家的术语中，语言仅指口头语言，尽管他们所用的语料多半甚至全部来自书面语言。因为不认为书面语言也是语言，所以就把文字排除在语言的要素之外。在这套理论的支配下，汉字就成了汉语词汇的附属品，在汉语教学中就没有独立的地位，汉字教学就成了汉语教学的“身外之物”。这正是造成汉字难学并且连带出汉语难学的根本原因。由此可见，所谓汉语难学，并不是汉语本身的特点所决定的，而是因为我们的汉语教学没有选好理论依据，走的是一条弯路。我在前面提到，从事语言教学，要善于从不同的学术观点中选择最适用的部分作为自己的理论依据。这句话是从惨痛的教训中总结出来的。

要使华语学习化难为易，就必须从源头上解决问题。“语言三要素”理论和“词本位”理论就像罩在我们头上的“紧箍咒”，所谓从源头上解决，就是摒弃这道“紧箍咒”，端正对华语教学教什么的认识。

上面说的是怎样走出汉语教学教什么的误区。我们的华语教学如果因为我的影响而没有走出这个误区，还没有使华语学习化难为易，就说明我们还需要把教什么的问题拿出来重新研究。我把“华语教学教什么”作为第一讲，不但是为了开宗明义就指出我在《华语教学讲习》中的错误，而且也是为了强调，“教什么”的问题仍然是我们要研究解决的首要问题。

## 三、华语教学内容的范围和分类

前面提到，我们所说的教什么，包括教学内容的范围和分类。例如，汉语和英语是两个不同的语种，语种就是教学内容的范围，汉语和英语就是对语种的分类。如果已经确定是教汉语，还要进一步确认：是教口头汉语还是教书面汉语，还是两者都教。这样，汉语就成了教学内容的范围，口头汉语和书面汉语就是对教学内容的分类。口头汉语和书面汉语是两种不同的语体，区分口头汉语和书面汉语，就是对汉语语体的分类。口头汉语和书面汉语都是由相关的要素构成的，无论是教口头汉语还是教书面汉语，或者两者都教，都要进一步分析其中的构成要素——人们把语言的构成要素叫做语言要素。这样，口头汉语和书面汉语就成了教学内容的范围，进一步分析语言要素，就是对语言要素的分类。这说明教学内容的范围和分类具有层次性。语种是第一层次，语体是第二层次，语言要素是第三层次。

我们强调区分口头汉语和书面汉语，是为了说明书面汉语教学的重要性，也是为了说明汉字教学的重要性。

语言是人类最重要的交际工具。人们用语言进行交际，有口头交际和书面交际两种方式，口头交际和书面交际都属于语言交际。口头交际使用口头语言（说的语言），书面交际使用书面语言（写的语言），所有发达的语言都包括口头语言和书面语言。书面语言有口头语言无法替代的作用。语言是信息的载体，要使信息传至远方和保留长久，多半要靠书面语言；书面语言是不可缺少的话语权标志，书籍、报刊、网络、公文、合同、函件等使用的都是书面语言，各国在文化、科技等方面的国际传播多半要靠书面语言；用现代技术复制的有声语言并不能完全代替书面语言，音像媒体有时还要附加字幕；随着社会的发展，书面交际的作用越发重要，不要说文盲，就是文字能力较差的人，要在现代社会中拓宽发展的空间，也会遇到困难。由此可见，进行语言教学不能忽视书面语言教学。无视书面语言的存在，否认书面语言也是语言，轻视书面语言的教学与研究，都不是实事求是的明智之举。

语音是口头语言的载体，文字是书面语言的载体。就像没有语音就没有口头语言一样，没有文字就没有书面语言。只要承认书面语言也是语言，只要承认文字是书面语言的载体，就必须承认文字也是语言的要素。也许有人会问，世界上有数千种语言，其中多数语言还没有文字，没有文字的语言哪来的文字要素？我的回答是：没有文字的语言可以创造文字，在文字创造出来之前，文字只是暂时处于虚位状态。

教学内容的范围定得对不对、好不好，分类分得对不对、好不好，对教学效果有着直接的影响。例如，如果不区分口头汉语和书面汉语，我们就不会去分析书面汉语的语言要素，就不会把汉字列为汉语的要素之一；把汉字排除在汉语的要素之外，汉字教学就只能成为汉语教学的“身外之物”。我们将在后面具体说明，书面汉语不但有口头汉语无法替代的作用，而且还是学好口头汉语的基础，如果只教口头汉语，不教书面汉语，口头汉语不但学不好，而且学不快。因此，我们的华语教学必须既教口头华语，也教书面华语。口头华语和书面华语就是华语教学的语体范围。语音是口头华语的载体，汉字是书面华语的载体，就像没有语音就没有口头华语一样，没有汉字就没有书面华语。既教口头华语，也教书面华语，就不但要把语音列为华语的语言要素，而且要把汉字也列为华语的语言要素。这样，我们就可以用表 2 表示华语教学内容的范围和分类。

**表 2**

| 语种 | 语体 | 语言要素 | 技能 |
|---|---|---|---|
| 华语 | 口头华语 | 语音、词汇、语法 | 听、说 |
| | 书面华语 | 语音、汉字、词汇、语法 | 读、写 |

书面华语怎么也有语音？因为书面华语不但可以用来看，而且也可以用来读，可以用来读当然就包含语音。

表 2 跟表 1 的主要区别是，表 2 区分口头华语和书面华语，因为区分口头华语和书面华语，所以就把汉字也列为华语的要素。语音、词汇、语法则不但是口头华语的要素，而且也是书面华语的要素。

表 2 虽然把语音、汉字、词汇、语法都列为华语的语言要素，但是并没有完全解决华语教学“教什么”的问题。前面说过，教学内容的范围和分类具有层次性，语种是第一层次，语体是第二层次，语言要素是第三层次。此外，语言要素又是由

相关的生成元素构成的，而且也具有层次性。表 2 没有列出语言要素的生成元素，也没有体现语言要素的层次性。因此，虽然明确了华语教学要教语音、汉字、词汇、语法，却不知道语音教学教什么、汉字教学教什么、词汇教学教什么、语法教学教什么，也不知道应该从哪儿教起，怎样进行具体操作。要知道语音教学教什么、汉字教学教什么、词汇教学教什么、语法教学教什么，并且知道应该从哪儿教起，怎样进行具体操作，还必须进一步分析语言要素的生成元素，并厘清语言要素之间的层次关系。

## 四、字词句教学与语法、语音教学的统一

字词句教学与语法、语音教学的统一，包括汉字教学与字法教学的统一、词汇教学与词法教学的统一、句型教学与句法教学的统一、语法教学与语音教学的统一。这里有四个统一，下面就分别讨论华语教学的“四统一”问题。讨论“四统一”，要同时分析语言要素的生成元素以及字词句教学跟语法、语音教学的层次关系，这样就可以进一步说明汉字教学教什么、词汇教学教什么、语法教学教什么、语音教学教什么，同时设计出华语教学的操作程序。

### 1. 汉字教学与字法教学的统一

汉字教学与字法教学的统一，就是教汉字要同时教字法。我们把汉字分为基本字（独体字）和复合字（合体字）两类，基本字由笔画与笔画组合生成，复合字由笔画与部件或部件与部件组合生成。笔画和部件就是汉字的生成元素。这是就字形结构而言。汉字是形音义统一体，除了字形结构以外，还有表义和表音的方法。汉字表义的方法是用义符表义，义符就是汉字字义的生成元素；汉字表音的方法是用音符表音，音符就是汉字字音的生成元素。所谓字法，就是由笔画到整字（“整字”即完整的汉字）或者由笔画、部件到整字以及由义符到字义、由音符到字音的组合生成的规则。教汉字同时教字法，可以帮助学生加快对汉字的理解和记忆，使汉字学习化难为易。有一位朋友对我说，她的孩子觉得汉字太难写，多一点不行，少一点也不行。我告诉她，多一点、少一点都是有道理的，只要懂得了多一点、少一点的道理，就不会觉得难写了。例如“氵”和“冫”，前者像水波的形状，代表水或其他液体，后者像水面冻结的冰纹，代表冰。因此，“氵”一定用于字义是水或其他液

体的汉字，“冫”一定用于字义跟寒冷有关的汉字。又如“宀”和“冖”，前者像侧视的房屋的形状，代表房屋，后者像两端下垂的布巾，代表覆盖物。因此，“宀”多半用于意思跟房屋有关的汉字，“冖”多半用于意思跟带覆盖物有关的汉字。这就是多一点和少一点的道理，也是教汉字要同时教字法的道理。这位朋友听了我的解释后说:“我今天晚上就回去告诉他。”

### 2. 词汇教学与词法教学的统一

词汇教学与词法教学的统一，就是教词汇要同时教词法。我们把汉语中大于字、小于句的单位统称为“词”，“词汇”就是词的总汇。我们把汉语的词分为基本词和复合词两类，基本词由字与字组合生成，“字”是基本词的生成元素；复合词由字与词或词与词组合生成，字和词都可以成为复合词的生成元素。例如：

① 学习

② 汉语

③ 学汉语

④ 学习汉语

上面的例①和例②是基本词，基本词由字与字组合生成；例③和例④是复合词，例③由字与基本词组合生成，例④由基本词与基本词组合生成。所谓词法，就是由字到词或由词到词的组合生成的规则。词的组合生成的规则包括什么字词可以跟什么字词相组合，组合时什么字词在前，什么字词在后，组合起来是什么意思。如果孤立地教词，学生就只能一个一个地死记硬背；如果同时教词的组合生成的规则，学习词就有理据可循，就能举一反三，迅速扩大词汇量。例如，学过“一个人、两个人”以后，再学“三、四”，就知道“三个人、四个人”是什么意思；学过“中国”以后，再学“美、英、法”，就知道“美国、英国、法国”是什么意思，因为已经学过“人”，也就知道“中国人、美国人、英国人、法国人”是什么意思。这说明，把词汇教学与词法教学统一起来，可以取得事半功倍的效果。

### 3. 句型教学与句法教学的统一

句型教学和句法教学的统一，就是教句型要同时教句法。我们把汉语的句子分为基本句（单句）和复合句（复句）两类：基本句由字、词组合生成，复合句由基本句与基本句组合生成。字、词是基本句的生成元素，基本句是复合句的生成元素。

所谓句法，就是由字、词到基本句以及由基本句到复合句的组合生成的规则，其中包括一个句子由哪些字、词或基本句组合生成，什么字、词或基本句在前，什么字、词或基本句在后，组合起来是什么意思等。

为什么说句型教学与句法教学的统一，而不说句子教学与句法教学的统一？因为句子的数量是无限的，数量无限的句子可以归纳为数量有限的句型，句型可以作为句子的代表。把句型教学与句法教学统一起来，就可以通过数量有限的句型帮助学生全面掌握句子的组合生成的规则。

### 4. 语音教学与语法教学的统一

汉语语法包括字法、词法和句法，语音教学与语法教学的统一，就是语音教学与字法、词法和句法教学的统一。汉语的语音，口头汉语以音节为读音中心，书面汉语以汉字为读音中心。音节的读音和汉字的读音都叫字音。我们将在后面具体说明，汉字的读音就包括音节的发音，所以教汉字的读音就包括教音节的发音，可以用汉字的读音代表读音中心。读音中心不是语音的全部，除了汉字的读音以外，还有变调、重音、停顿、句调、语调等。变调、重音、停顿、句调、语调等都体现在词和句子之中。由此可见，字音就附着于汉字，变调、重音、停顿、句调、语调就附着于词和句子，它们都不可能独立存在。把语音教学与字法、词法、句法教学统一起来，就是在教字法、词法和句法的同时教语音，也就是在教字法、词法和句法的时候，必须教每一个字、词、句怎么念，怎么说。

根据上面的讨论，我们可以把华语教学的具体内容列成表 3：

**表 3**

| 语种 | 语体 | 语言要素 | | | | 技能 |
|---|---|---|---|---|---|---|
| | | 字词句 | 字词句的生成元素 | 语法 | 语音 | |
| 华语 | 书面华语 | 汉字 | 笔画、部件、义符、音符 | 字法 | 字音 | 读、写、听、说 |
| | | 词汇 | 字、词 | 词法 | 词音 | 读、写、听、说 |
| | | 句型 | 字、词、基本句 | 句法 | 句音 | 读、写、听、说 |
| | 口头华语 | 音节 | 声母、韵母、声调 | 字法 | 字音 | 听、说 |
| | | 词汇 | 字、词 | 词法 | 词音 | 听、说 |
| | | 句型 | 字、词、基本句 | 句法 | 句音 | 听、说 |

## 5. 结论

根据上面的表 3，我们可以对华语教学教什么的问题做出以下结论：

### 5.1 书面华语教学与口头华语教学相统一

华语教学既要教口头华语，也要教书面华语。表 3 告诉我们，口头华语和书面华语的唯一区别就在于书面华语包含汉字，口头华语不包含汉字。我们没有把音节列为书面华语的生成元素，是因为汉字就包含音节——一个汉字念出来就是一个音节。只要认识到汉字就包含音节，就会认识到书面华语和口头华语实际上是完全一致的。书面华语和口头华语的一致性决定了教书面华语就包括教口头华语，可以把书面华语教学和口头华语教学统一起来。这样，我们就可以把表 3 修改如下：

**表 4**

| 语种 | 语体 | 语言要素 | | | | 技能 |
|---|---|---|---|---|---|---|
| | | 字词句 | 字词句的生成元素 | 语法 | 语音 | |
| 华语 | 书面华语<br>口头华语 | 汉字 | 笔画、部件、义符、音符 | 字法 | 字音 | 读、写、听、说 |
| | | 词 | 字、词 | 词法 | 词音 | 读、写、听、说 |
| | | 句型 | 字、词、基本句 | 句法 | 句音 | 读、写、听、说 |

### 5.2 对教学内容的范围和分类重新定位

前面的表 1 代表我 20 年前对华语教学内容的范围和分类的认识，这里的表 4 代表我现在的认识。我现在的认识就是我对教学内容的范围和分类的重新定位。表 4 和表 1 的主要区别是：

（1）表 1 没有提到书面华语教学，没有把汉字列为语言要素，表 4 则把书面华语和汉字放在了突出的地位。

（2）表 1 把华语的语言要素限定为语音、词汇和语法，其中：语法不包括字法；语音、词汇和语法之间的关系似乎是平行的关系，语音似乎可以独立。表 4 把汉语的语言要素分为字、词、句、语法、语音，其中，字、词、句和语法、语音的关系不是平行的关系，语法就存在于字法、词法和句法之中，语音则附着于字音、词音和句音。

（3）根据表 4 对语言要素的分类和对教学内容之间的层次关系的认识，我们就可以把汉字教学与字法教学统一起来，把词汇教学与词法教学统一起来，把句型教学与句法教学统一起来，把字法教学、词法教学和句法教学与语音教学统一起来，进而把书面华语教学与口头华语教学统一起来。汉字教学与字法教学的统一、词汇教学与词法教学的统一、句型教学与句法教学的统一、语法教学与语音教学的统一，实际上就包括书面华语教学与口头华语教学的统一。我们认为，这就是华语教学的一条近路。我们可以把这条近路的路线图描绘如下：

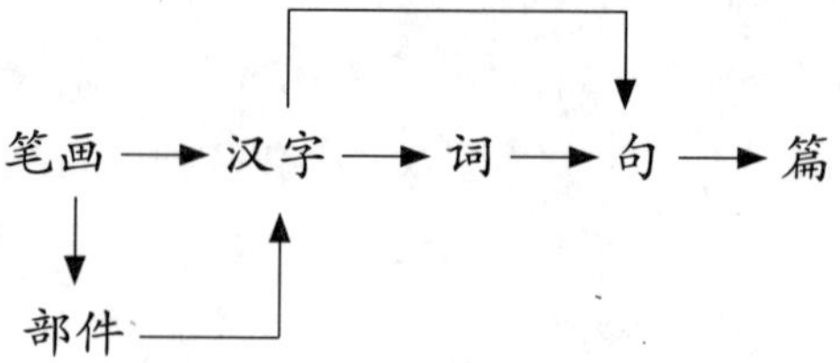


上面的路线图也就是华语教学的操作程序。这个操作程序就是由笔画到汉字（或由笔画到部件再到汉字），由汉字到词，由词到句（或由汉字和词到句），由句到篇的组合生成。我们把这样的操作程序概括为“以汉字组词、以字词组句、以句组篇”。这里面就包含语法和语音教学以及“听、读、说、写”的技能训练，“听、读、说、写”的技能训练就是书面华语和口头华语的综合训练和全面训练。技能训练不但是教学内容，而且也是教学手段。把技能训练作为教学手段，是因为要通过技能训练使知识转化为技能，实现书面华语教学和口头华语教学的统一，使口头华语能力和书面华语能力得到同步和快速发展。

5.3 语言教学和文化教学

语言也是一种文化，并且是文化的载体。所有的语言都打着民族文化的印记，民族文化的印记有些是特有的文化现象。第二语言中包含的特有的文化现象也叫第二文化。学习第二语言必须同时学习第二文化，否则就不能正确理解和使用所学的语言。例如：如果你不知道在汉语中“吃了吗”是问候语，听到这句话就有可能认为人家要请你吃饭，你也不会用这句话去问候别人；你如果不知道对长辈不应该直呼其名，就有可能为表示亲热而直呼长辈的姓名。可见，第二文化教学也是第二语言教学的一项不可忽视的内容。

我们没有在上表中列出“文化”一项，是因为语言中的文化不能脱离语言要素而独立存在，更无法像语音那样全面实现“要素化”。就汉语而言，第二文化就包含在汉语的字、词、句之中，所以第二文化教学必须跟字、词、句教学相结合，进行语言要素教学的同时还要揭示其中包含的第二文化。

第二文化到底包括哪些内容，需要进一步研究。“书、本子、桌子、椅子”等是各种语言中都有的概念，一般不需要专门解释，显然不属于第二文化。“红娘、鸿门宴、周瑜打黄盖”等是汉语中特有的词语，需要专门解释，应该属于第二文化。问题是：“长江、黄河、长城、故宫”等地名，“孔子、孙中山、毛泽东、邓小平”等人名，要不要专门解释？是不是属于第二文化？诸如此类的问题，还需要进一步研究。我在《华语教学讲习》中介绍过知识文化和交际文化，那里所说的交际文化都属于第二文化，大家可以参考。

# 第二讲　汉语的特点和汉语教学

一、汉语的基本特点

二、汉语组合的作用和特点

三、组合汉语和组合汉语教学

进行语言教学必须从所教语言的特点出发。我们在上一讲说过，怎么教是由教什么决定的，这里还要补充说明，教什么还要由所教语言的特点来决定。例如，教汉语必须教汉字，却不需要教词形变化，这就是由汉语的特点决定的。我们是在讨论华语教学，华语教学也属于汉语教学，所以必须从汉语的特点出发。我们在上一讲初步说明了汉语教学的误区，误就误在没有从汉语的特点出发。我们认为，至少在现阶段，无论是在理论研究上，还是在教学实践上，都要把"按照汉语的特点教汉语"作为汉语教学必须解决的基本问题。我们在上一讲讨论的华语教学的内容和操作程序，就是以汉语的特点为依据的。这一讲专门讨论汉语的特点，是为了对华语教学的内容和操作程序以及相关的概念作进一步的解释。

## 一、汉语的基本特点

我们在研究中发现，汉语有字本位、组合生成和"二合"机制三个基本特点。下面就对这三个基本特点逐项加以说明。

### 1. 字本位

1.1 什么是字本位

"字本位"就是以"字"为基本结构单位的意思。这句话里有几个专业术语，需要先作些解释。

（1）什么是"字"？汉语使用者习惯于把汉语音节和汉字统称为"字"。例如，我们可以说"字正腔圆、吐字不清"，也可以说"认字、写字"。"字正腔圆、吐字不清"的"字"就是指音节，"认字、写字"的"字"就是指汉字。由此可见，我们所说的"字"，就包括汉语音节和汉字。

作为一级语言单位，"字"是汉语特有的概念，英语中没有与此相对应的结构单位，所以英译只能音译成 *zi*。

（2）什么是结构单位？打个比方：一座房子就是一种结构，这种结构由房基、墙体、梁柱、门窗、房顶等构成，房基、墙体、梁柱、门窗、房顶等就是房子的结构单位。一种语言也是一种结构，汉语由字（口头汉语的音节和书面汉语的汉字）、词、句构成，字、词、句就是汉语的结构单位。

（3）什么是基本结构单位？简单地说，基本结构单位就是基础性的结构单位。

例如：

hàn + yǔ → Hànyǔ

汉 + 语 → 汉语

zhōng + guó + rén → Zhōngguó rén

中 + 国 + 人 → 中国人

我们用汉语拼音书写口头汉语的例子，用汉字书写书面汉语的例子。在上面的例子中，大于音节的结构单位都是在音节的基础上组合起来的，大于汉字的结构单位都是在汉字的基础上组合起来的，所以音节就是口头汉语的基础性的结构单位，汉字就是书面汉语的基础性的结构单位。因为音节和汉字都叫做“字”，所以“字”就是汉语的基础性的结构单位。基础性的结构单位就叫基本结构单位。大于字的结构单位，包括词和句子，都是在字的基础上逐级组合起来的，所以不是基本结构单位。小于字的结构单位，包括音节的声母、韵母和声调，汉字的笔画和部件，都是字内结构单位，不是语内结构单位。语言的“基本结构单位”是一级语言单位，字内结构单位是字的生成元素，不是语言单位，语内结构单位才是语言单位。因此，音节的声母、韵母和声调，汉字的笔画和部件，也都不是基本结构单位。

把上面的意思归结起来，我们对“字本位”的解释是：“字本位”就是以“字”为基本结构单位的意思，其中的“字”包括汉语音节和汉字。

现代“字本位”理论是著名语言学家、北京大学教授徐通锵先生提出来的。他指出：“汉语语义句法的结构单位是‘字’，而不是‘语素’之类的东西。”“‘字’实际上是形、音、义三位一体的结构单位，仅仅把它看成一种文字的书写单位是没有道理的。”[①] “字本位”理论反映了一种汉语观，这种汉语观认为，汉语是以“字”为基本结构单位的语言，不是以“词”为基本结构单位的语言。

语言的基本教学单位必须跟语言的基本结构单位保持一致。我们赞成“字本位”汉语观，就是因为：只有把“字”作为基本结构单位，才能把“字”作为基本教学单位；只有把“字”作为基本教学单位，才能保证教学过程中的“视、听、读、写、说”完全一致；保证教学过程中的“视、听、读、写、说”完全一致，对提高教学的质量和效率至关重要。我们赞成“字本位”观念，就意味着不赞成“汉字是单纯的书写符号”的观点，更不赞成“汉字跟汉语无关”的观点。

---

① 徐通锵，“字”和汉语的句法结构，《世界汉语教学》，1994 年第 2 期 。

1.2 字本位与词本位

字本位是与词本位相对的概念。中国研究现代汉语的语言学著作和各种汉语教科书，都把“词”作为汉语的基本结构单位。把“词”作为基本结构单位就叫“词本位”。也有“词组本位”和“句本位”的说法，不过“词组本位”和“句本位”都不是指汉语的基本结构单位，而且都要首先讲“词”，都是以词本位为基础的。词本位理论也反映了一种汉语观，这种汉语观认为，汉语是以“词”为基本结构单位的语言，不是以“字”为基本结构单位的语言。在词本位汉语观的支配下，中国的汉语教学，包括作为第一语言的汉语教学和作为第二语言的汉语教学，也一直把“词”作为基本教学单位。把“词”作为基本教学单位，汉字就成了词汇的附属品和单纯的书写符号，就失去了汉语基本结构单位的性质。中国对外汉语教学一直存在着汉字教学和汉语教学“两张皮”、书面汉语教学与口头汉语教学互相制约的现象。出现这样的现象，就是因为没有把汉字作为基本结构单位和基本教学单位。不把汉字作为基本结构单位和基本教学单位，就无法建立科学的汉字教学系统，汉字教学就处于无序状态。“无序”即没有规则系统，不是按照规则系统和循序渐进的原则进行汉字教学，而是遇到什么就教什么。例如，不是从笔画和基本字教起，第一课就教“你好、谢谢、再见”，让学生一开始就觉得一个汉字就像一幅图画。汉字教学无序，必然让人觉得汉字难学，也必然导致汉语教学无序，必然让人觉得汉语难学。汉字教学无序怎么会导致汉语教学无序呢？因为汉语就是由字到词、由字词到句子一级一级地组合起来的，由字到词、由字词到句子的组合都是意义的组合；不讲汉字的字义，就不能显示字与词、字与句、词与句、句与句之间的意合规则，就不能按照意合规则循序渐进地进行由字到词、由字词到句子的组合教学。这就是汉语教学无序。由此可见，词本位汉语观是造成“汉字难学”并连带到“汉语难学”的根本原因。要提高汉语教学的质量和效率，要使汉语成为不难学甚至容易学的语言，就必须破除词本位汉语观，树立字本位汉语观。

其实，“字本位”观念早已存在。有人以为“词本位”观念始自《马氏文通》，这是误解。(《马氏文通》出版于1898年，是中国系统研究汉语语法的第一部著作，作者马建忠。)《马氏文通》是“字本位”语法，不是“词本位”语法。该书“例言”一开头就说：“是书本旨，专论句读，而句读集字所成者也。”“集字所成”就是以“字”为基本单位的组合生成。该书第一卷开宗明义就讲“字”，“字”分九类，其中“实字”五类——名字、代字、动字、静字、状字，“虚字”四类——介字、连字、助字、叹字。《马氏文通》也有“词”的概念，不过该书所说的“词”是指句子成分。例如，后来的语法书上所说的“主语、谓语”，本书后面将要讨论的“主体、述体”，在《马氏文通》中叫“起词、语词”。《马氏文通》研究的是古代汉语，讲古代汉语是“字本位”，反对的人大概不多，讲现代汉语是“字本位”，反对的人却不少。问题是：现代汉语是由古代汉语发展而来的，能不能用“词本位”和“字本位”给现代汉语和古代汉语分界呢？

1.3“词”义新解

词本位理论中的“词”的概念是从西方语言学引进的，相对于英语的 word。根据字本位理论进行汉语研究和汉语教学，我们也使用“词”的概念，不过我们所说的“词”是指由“字”组成的大于字、小于句的结构单位，不是跟英语的 word 相对应的概念。“词”既然是由“字”组成的，本应取名“字组”。但是“词”的概念早已深入人心，为了顺应称说的习惯，我们就继续使用人们已经习惯了的概念。只是需要特别说明：字本位所说的“词”是“字组”的意思，不是与英语的 word 相对应的概念，英译要用 *zi*-group，不能用 word。这样，字本位的“字”和“词”与词本位的相关概念就形成了表 5 所列的对应关系：

**表 5**

| 字本位 | 词本位 |
|---|---|
| 字（*zi*） | 语素、单音节词 |
| 词（*zi*-group） | 双音节词、多音节词、词组、短语、结构 |

把大于字、小于句的结构单位叫做“词”，完全符合汉语使用者对“字、词、句”的称说习惯，也便于把汉语语法细分为字法、词法和句法，把汉语语法教学细分为字法教学、词法教学和句法教学。

## 2. 组合生成

无论是口头汉语还是书面汉语，各级语言单位都是由小到大逐级组合起来的。组合起来就是组合生成。音节由声母、韵母和声调组合生成，汉字由笔画和部件组合生成，词由字组合生成，句子由字和词组合生成。汉语由字到词、由字词到句子的组合都是意义的组合，意思相关的字词句在一定的条件下都可以直接组合。所谓直接组合，就是语义表达和理解只需要通过字序和词序，不需要通过字形或词形变化。

下面分别举例说明口头汉语和书面汉语的组合生成。口头汉语的例子都用汉语拼音书写，书面汉语的例子都用汉字书写。

2.1 口头汉语的组合生成

用汉语进行口头交际要以音节为基本单位进行组合生成。例如：

① cháng chéng

② wǒ men de péng you

③ xiě hàn zì

④ mén kǒu zhàn zhe liǎng ge bǎo ān.

⑤ tā men dōu méi xué guo hàn yǔ.

在上面的例子中，例①～例③是词，例④和例⑤是句子。用空格隔开的每一个独立单位都是一个音节，每一个音节都是用于组合的基本单位。这些例子告诉我们，大于音节的语言单位，包括词和句子，都是以音节为基本单位一级一级地组合生成的。

现代汉语普通话的读音中心是音节，共有1333个（见《现代汉语词典》音节表），这1333个音节就是现代汉语普通话语音结构的基本单位。口头汉语的无限词语和句子，就语音结构而言，就是由这1333个音节构成的。

2.2 书面汉语的组合生成

用汉语进行书面交际要以汉字为基本单位进行组合生成。把上面关于口头汉语组合生成的例子用汉字转写出来，就是下面的形式：

① 长　城

② 我　们　的　朋　友

③ 写　汉　字

④ 门　口　站　着　两　个　保　安。

⑤ 他　们　都　没　学　过　汉　语。

现代通用汉字只有7000个[①]，常用汉字只有2500个。有统计表明，2500个最常用汉字的覆盖率可以达到99%以上[②]。也就是说，只要掌握了2500个最常用的汉字，阅读现代汉语文本就基本上没有文字障碍了。

所有的语言都有组合的特点，都是由小的结构单位到大的结构单位一级一级地组合起来的。不过有些语言，例如英语，由小的结构单位到大的结构单位的组合不是直接组合，而是要通过词形变化。跟英语等印欧语系语言不同，汉语各级单位的组合不需要通过字形或词形变化，所以都是直接组合。因为汉语的组合都是直接组合，所以我们就把汉语叫做组合型语言。英语等印欧语系语言的组合不是直接组合，所以不是组合型语言。我们指出汉语是组合型语言，是为了强调：必须用组合的眼光看待汉语，用组合的观念研究汉语，用组合的方法教学汉语。

### 3.“二合”机制

汉语各级单位的组合，包括由字的生成元素到字的组合，由字到词的组合，由字、词到句子的组合，基本上都遵循“1+1=1”的组合方式。“1+1=1”就是“合二为一”，简称“二合”。“二合”是从组合的角度说的，如果从分析的角度说，就是“二分”。“二合”(二分)全面体现在汉语的字、词、句之中，是汉语生成机制的反映。我们所说的语言的生成机制，是指语言内部各结构单位之间相互作用的原理。我们认为：汉语的生成机制就是以字为基本单位的“二合”机制。下面分别举例说明。

#### 3.1 汉语音节的“二合”机制

我们把汉语音节的语音结构分为基本结构和复合结构两类，再把复合结构分为基本复合结构和多重复合结构两类。无论是基本结构，还是基本复合结构和多重复合结构，都是由声母、韵母和声调组成的，声母、韵母和声调就是汉语音节的生成元素。先由声母和韵母相组合，生成“声韵”，声韵是基本结构；再由声韵与声调相组合，生成音节，音节是复合结构。例如：

b + a → ba：bā　bá　bǎ　bà　ba

m + a → ma：mā　má　mǎ　mà　ma

上面的“声韵”都属于基本结构，音节都属于基本复合结构。

---

① 见《现代汉语通用字表》，国家语言文字工作委员会汉字处编，语文出版社，1988。

② 见《现代汉语频率词典》，北京语言学院语言教学研究所编，北京语言学院出版社，1986。

有些音节的韵母是复合韵母，包含复合韵母的音节属于多重复合结构。例如：

| | | | | |
|---|---|---|---|---|
| u + ang → uang | uāng | uáng | uǎng | uàng |
| g + uang → guang | guāng | | guǎng | guàng |
| i + ang → iang | iāng | iáng | iǎng | iàng |
| j + iāng → jiang | jiāng | | jiǎng | jiàng |

汉语音节语音结构的组合，由声母和韵母到声韵，由声韵和声调到音节，都是“二合”。

有些音节只有韵母没有声母，也有少量音节只有声母没有韵母。我们把没有声母的音节叫做零声母音节，把没有韵母的音节叫做零韵母音节。例如：

① ā（阿） ǎ（啊） ào（奥） ōu（欧）

② ḿ（呣） ǹg（嗯）

上面的例①是零声母音节，例②是零韵母音节。零声母音节和零韵母音节的组合方式是“0+1=1”，“0+1=1”也是“二合”。

3.2 汉字的“二合”机制

汉字是形音义统一体，汉字的结构就包括字形结构、字音结构和字义结构，字形、字音和字义的结构方式都是“二合”。

（1）汉字字形结构的“二合”机制。我们把汉字的字形结构分为基本结构和复合结构两类，再把复合结构分为基本复合结构和多重复合结构两类。由笔画与笔画直接组合生成的是基本结构，由笔画与基本结构组合生成，或者由基本结构与基本结构组合生成的是基本复合结构，大于基本复合结构的是多重复合结构。由笔画到基本结构的组合生成，由笔画和基本结构到基本复合结构再到多重复合结构的组合生成，也都是“1+1=1”的格式。例如：

人：撇 + 捺（由笔画和笔画组成基本结构）

吾：五 + 口（由基本结构和基本结构组成基本复合结构）

语：讠 + 吾（由基本结构和基本复合结构组成多重复合结构）

窟：穴 + 屈（由基本复合结构和基本复合结构组成多重复合结构）

敲：高 + 攴（由多重复合结构和基本复合结构组成多重复合结构）

（2）汉字字音结构和字义结构的“二合”机制。汉字有一字一音和音符表音两种表音的方法。例如："工"是一字一音，"功"是音符表音。汉字的字音结构中，一字一音的属于基本结构，音符表音的属于复合结构。汉字有相似义和组合义两种表义的方法。象形字和指事字的字义都属于相似义，会意字和形声字的字义都属于组合义。汉字的字义结构，相似义属于基本结构，组合义属于复合结构。字音和字义的基本结构是"0+1=1"的格式，复合结构是"1+1=1"的格式。

有些汉字的字形结构虽然不是"1+1=1"，字义结构却是"1+1=1"。例如，"班"字中间的"刂"(刀)既不能归入左边的"𤣩"(玉)，也不能归入右边的"王"(玉)。不过"班"是由"珏＋刀"组合生成的，本义是用刀把一块玉切成两半，分做男女双方的信物。[①]又如，"京"字中间的"口"既不能归入上面的"亠"，也不能归入下面的"小"。这是汉字字形演变的结果。"京"字本是象形字，像建在高台上的宫殿，以宫殿的形状代表都城。在汉字发展的过程中，线条演变为笔画，就成了现在的形式。就字义结构而言，"京"字属于"0+1"结构。

3.3 词的"二合"机制

我们把汉语的词分为基本词和复合词两类，再把复合词分为基本复合词和多重复合词两类。基本词、基本复合词、多重复合词都是以字为基本结构单位组合生成的。下面例子中的连接线表示由字到基本词的组合，由字、基本词到基本复合词再到多重复合词的组合，也体现"1+1=1"的"二合"机制。

（1）基本词的"二合"机制。由字与字直接组合生成的是基本词。例如：

中国　伟大　美女　新闻　买卖　看见　很多　来了　去过

（2）基本复合词的"二合"机制。由字与基本词或基本词与基本词组合生成的是基本复合词。例如：

想问题　中国人　团结友爱　再接再厉

（3）多重复合词的"二合"机制。大于基本复合词的是多重复合词。例如：

学了三年了　把孩子丢了

---

① 见杨洪清、朱新兰编著，《现代说文解字字典·初级本》，北京群众出版社，1997；曹先擢、苏培成主编，《汉字形义分析字典》，北京大学出版社，1999。

3.4 句子的“二合”机制

我们把汉语的句子分为基本句和复合句两类，再把复合句分为基本复合句和多重复合句两类。基本句、基本复合句和多重复合句的组合生成同样体现“1+1=1”的“二合”机制。

（1）基本句的“二合”机制。由一个主体（Topic）和一个述体（Comment）组合生成的句子是基本句。主体和述体是两个互相依存的语义单位，主体代表“谁”或“什么”，述体代表“做什么”或“怎么样”。基本句就是由主体和述体组合生成的。例如：

① 王先生 | 是中国人。

② 王先生 | 不在家。

③ 大家 | 工作都很努力。

④ 他 | 身体不太好。

在上面的例子中，单竖线前面的是主体，后面的是述体。基本句的组合就是主体和述体的组合。主体 + 述体 = 基本句，这就是基本句的“二合”机制。

有些句子只有主体，没有述体；有些句子只有述体，没有主体。我们把没有主体的句子叫做零主体句，把没有述体的句子叫做零述体句。零主体句和零述体句也是基本句。例如：

①（听见有人敲门，问）谁| ？

②（敲门的人答）我| 。

③ |要下雨！

在口头汉语中，基本句用句调表示句子的完结；在书面汉语中，基本句用句号、叹号、问号等表示句子的完结。

基本句的主体和述体如果太长，或者为了突出重点，中间也可以用逗号隔开。例如：

① 吃饭睡觉，｜都要别人帮忙。

② 大家｜不是坐着闲谈，便是蒙头大睡……（老舍，《骆驼祥子》）

上面的例子都是基本句，例①的主体有逗号隔开，例②的述体有逗号隔开。中间的逗号可以不用，用不用逗号意思一样。

（2）基本复合句的“二合”机制。由基本句与基本句组合生成的复合句叫基本复合句，基本复合句中的基本句叫分句。在下面的例子中，我们用下画线标明分句，用双竖线把分句隔开，用连接线表示复合句的“二合”机制就是基本句＋基本句＝基本复合句。

① 词章学｜研究各种文体，‖ 这里面｜应该包括翻译体。

（吕叔湘，《汉语研究工作者的当前任务》）

② 共产党员｜要善于同群众商量办事，‖ ｜任何时候—也不要脱离群众。（毛泽东，《一九五七年夏季的形势》）

（3）多重复合句的“二合”机制。大于基本复合句的复合句是多重复合句。下面的例①由基本句与基本复合句组合生成，例②由基本复合句和多重复合句组合生成，这说明基本复合句可以与相关的结构单位组成多重复合句，多重复合句可以跟相关的结构单位组成更大的多重复合句。多重复合句中的基本复合句和多重复合句也叫分句。例如：

① 中国的语言研究的力量｜还很单薄，‖［｜离开雄厚二字—还远得很，‖ ｜还需要大力培养。］

（吕叔湘，《把中国语言科学推向前进》）

② ［｜刚刚从台湾归来，‖ 行装｜还未放下，］‖【妻子｜急忙告诉

我：[“你妈 | 病危，‖ 老家 | 来过几次电话了。”]】

（鲁光，《我的笔名叫鲁光》）

在上面的例子中，方括号（[ ]）里面的是作为分句的基本复合句，方头括号（【 】）里面的是作为分句的多重复合句。连接线表明，基本句和基本复合句以及基本复合句和多重复合句的组合，同样是“二合”。

复合句的各分句之间在口头汉语中都有停顿，在书面汉语中用逗号、分号、冒号等隔开。

上面的例子足以说明，汉语各级单位的组合，包括由字的生成元素到字的组合，由字到词的组合，由字词到句子的组合，都是“二合”。

汉语的“二合”机制是汉语使用者思维模式的反映。语言是人脑（人的心智）对客观世界的反映，汉语使用者看世界，就是二合和二分的世界。所谓“天地、阴阳、上下、生死、左右、男女、主从、是非、有无、贫富、矛盾、胜负、悲欢、离合”，等等，无一不是二合和二分。这一事实说明，汉语的“二合”机制不是偶然现象，它是汉语使用者在认识世界的过程中逐渐形成的一种思维模式，也说明汉语是与天道相合的语言。“天道”就是天然法则，“与天道相合”就是顺乎自然，直接反映客观世界，实现“天人合一”。汉语言文字是“天人合一”的伟大范例。

汉语的“二合”机制也代表一种动态的立体结构。字、词、句都包括“形、音、义、用”(“用”即“组合”)，“形、音、义、用”都是“二合”，四者共同形成了一种螺旋形叠加的动态的立体结构，而不是互不相干的静态的平面结构。

3.5 关于“0+1”结构

汉语中有零声母音节和零韵母音节，有零主体句子和零述体句子，“一、乙”两个汉字都只有一个笔画，字音和字义也有“0+1”形式。我们把这些结构形式都叫做“0+1”结构。“0+1”也算“二合”，在汉语中具有普遍性，可以看做“缺省”现象。每一种语言都有节约性特点，“缺省”现象是汉语节约性特点的表现之一。凡不影响语义理解，也不影响韵律节奏美的成分，一般都可以缺省，缺省后就成为“0+1”结构。“0+1”也代表“从无到有”。

3.6 非二合现象

汉语的组合有的不属于“二合”，我们把不属于“二合”的现象叫做“非二合现象”。“非二合现象”属于例外。例如：

（1）联绵字。“仿佛、伶俐、徘徊、逍遥、玛瑙、妯娌”等联绵字形式上是两个字，实际上是一个整体，只相当于一个字。

（2）音译外来词。音译外来词也是一个整体，也只相当于一个字。其中字与字的组合不是意义的组合，所以也不属于“1+1=1”的格式。例如：

沙•发　　　　咖•啡

菲•律•宾　　意•大•利

澳•大•利•亚　　奥•林•匹•克

外来词如果是意译的，或者是意译加音译的，也遵循“1+1=1”的规律。例如：

联 合 国

世 界 卫 生 组 织

啤 酒　新 西 兰　华 尔 街

音译外来词的紧缩要遵循汉语的紧缩规则，紧缩的外来词参与组合也体现“二合”机制。例如：

中 菲

澳 元　意 语

奥 运 会　奥 组 委

（3）组合成分为奇数的并列结构。并列结构各组合成分之间是平行关系，意义上没有亲疏主从之分。因此，组合成分为奇数的并列结构都不是“1+1=1”的格式。例如：

教•科•文

柴•米•油•盐•酱•醋•茶

小河里｜有水，｜｜小河上｜有桥，｜｜小河边｜有树。

任何规律都有例外，例外必然有其存在的理由。以上所说，就是汉语中“非二合”现象存在的理由。这些“非二合”现象的存在，不足以改变我们对汉语“二合”机制的认识。

## 二、汉语组合的作用和特点

### 1. 汉语组合的作用

汉语组合有区分和生成两种作用。下面分别说明。

1.1 汉语组合的区分作用

在口头汉语中，组合的区分作用首先是对音节意思的区分；在书面汉语中，组合的区分作用首先是对汉字字义的区分。对音节意思的区分和对汉字字义的区分是汉语基本结构单位的特性所要求的。

口头汉语的基本结构单位是音节，而汉语音节只有1333个，要用为数有限的音节建立起反映大千世界的各种概念，充分满足口头交际的需要，一个音节就必须表示多个意思。这就使绝大多数音节都成了多义音节。要使多义音节的不同意思不发生混淆，就必须实行组合。也就是说，只有实行组合，多义音节的不同意思才不会发生混淆。例如，nán 是个多义音节，如果单说 nán，谁也不知道说的是什么 nán，只有在 nánfāng、nánrén、nántí 等组合中，nán 的不同意思才能区别开来。这就是组合对音节意思的区分作用。

书面汉语的基本结构单位是汉字，汉字的作用是转写口头汉语的音节，含有音节所赋予的音和义。例如，nánfāng、nánrén、nántí 中的 nán 就分别用“南、男、难”转写。但是现代通用汉字只有7000个，一个汉字也要表示多个意思才能满足书面交际的需要。这就使大多数汉字都成了多义汉字。多义汉字也要处在组合之中，不同的意思才不会发生混淆。例如，“把”是个多义汉字，只有放在“把关、把柄、把门关上、一把钥匙开一把锁”等组合中，“把”的不同意思才能区别开来。这就是组合对汉字字义的区分作用。

1.2 汉语组合的生成作用

汉语组合的生成作用包括结构单位由小到大的组合生成和组合单位由少到多的

组合生成。

（1）结构单位由小到大的组合生成。结构单位由小到大的组合生成，是指由字的生成元素到字的组合生成，由字到词、由字词到句子的组合生成。前面已经举例说明，汉语音节的生成元素是声母、韵母和声调，先由声母和韵母组合生成“声韵”，再由“声韵”和声调组合生成音节；汉字的生成元素是笔画和部件，由笔画与笔画组合生成基本字，由笔画与基本部件或由基本部件与基本部件组合生成复合字；词的生成元素是字，由字与字组合生成基本词，由字与基本词或基本词与基本词组合生成复合词；基本句的生成元素是主体和述体，由主体和述体组合生成基本句，由基本句与基本句组合生成复合句。这就是结构单位由小到大的组合生成。

（2）组合单位由少到多的组合生成。汉语的基本结构单位也是基本组合单位。组合单位由少到多的组合生成，是指数量无限的语句都是由为数有限的基本组合单位及其生成元素组合生成的。汉语 1333 个音节的生成元素是 21 个声母、35 个韵母（不包括儿化韵）和 5 个基本声调（5 个基本声调是指第一声、第二声、第三声、第四声和原调轻声），现代汉语 7000 个通用汉字的生成元素是 28 个笔画和初步统计的 220 多个非整字部件。

以上就是口头汉语和书面汉语的全部基本组合单位和这些基本组合单位的全部生成元素。汉语的基本组合单位及其生成元素基本上都是封闭性的，组合却是开放式的，永无穷尽。通过组合，由为数有限的生成元素组合生成的为数有限的基本组合单位就可以生成数量无限的词语和句子，充分满足口头交际和书面交际的需要。无论社会怎样发展，无论自然界发生了什么样的变化，无论出现了什么样的新生事物，运用组合生成的机制都可以应对自如，基本上不需要增加新的音节和汉字。这就是组合单位由少到多的组合生成。

结构单位由小到大的组合生成和组合单位由少到多的组合生成这一事实告诉我们：组合生成是汉语的生命线，是汉语无限活力的源泉。

### 2. 汉语组合的特点

汉语的组合至少有四大特点，即：利用旧概念生成新概念；只有意合，没有形变；有扩展和组装两种方式；组合层次直接表现组合关系。下面分别举例说明。

#### 2.1 利用旧概念生成新概念

利用旧概念生成新概念有两种方式，一是给字义和词义“增容”，二是生成新词。例如，“电”字最初是指“雷电”的电，后来出现了人工电，就用原有的“电”字表示，把两种“电”归为一类，不再创造新字。把两种“电”归为一类也是组合，即把旧概念和新概念组合成一个更大的概念。这种组合的特点就是给字义“增容”。又如，“电影”最初是指“雷电的光影”，后来出现了用于视听的媒体，就用原有的“电影”表示，不再创造新词。这就是给“电影”的词义“增容”。从“电”和“电影”增容的事实可以推断：汉语字词的多义性多半是在历史上逐渐形成的，是随着社会的发展给字义和词义不断增容的结果。字义和词义增容不会发生字义和词义混淆，靠的也是组合。利用旧概念生成新概念，更多的是创造新词。还是以“电”字为例：随着人工电的出现，又出现了各种各样的电器以及电和电器的生产和利用等，就用这个“电”字与意思相关的字词进行组合，生成“电器、电线、电灯、电话、电筒（手电）、电脑、电影、电视、电邮、发电、停电、买电、火电、水电、核电、电线杆、电视机、发电厂……”这些包含“电”字的概念是陆续出现的，刚出现时都是新概念，这些新概念都是利用旧概念组合生成的。因为新概念是用旧概念组合生成的，所以几乎每天都在出现的新词，包括意译的外来词，多半都能自动理解，不需要一个一个地专门学习。因为汉语的词有“利用旧概念生成新概念”的特点，所以只要以字义为基础，词的学习就能化难为易。

2.2 只有意合，没有形变

因为汉语的基本组合单位是音义单位（音节）和形义音单位（汉字），所以汉语各级单位的组合就是意义的组合，意思相关的字词句在一定的条件下都可以直接组合。前面说过，所谓直接组合，就是语义表达和理解只需要通过字序和词序，不需要通过字形或词形变化。例如：“红枣 / 枣红、生产 / 产生、鸡生蛋 / 蛋生鸡、建设国家 / 国家建设、不怕辣 / 辣不怕 / 怕不辣……”都是字词的直接组合，都是通过不同的字序或词序表示不同的语义关系。英语的名词、代词有些有性、数、格的区别，动词除了有数的区别以外，还有时态和语态的区别，这些都要通过词形变化来表示，而汉语都是通过字词的直接组合来表示。例如：“两本”与“书”组合后，就表明“书”是复数；“正在”与“吃饭”组合后，就表明“吃饭”正在进行。“明天”与“开会”组合后，就表明是将来“开会”；要表示事物的数量，就用“数量名”短语，要表示动作的数量，就用“动数量”短语，如此等等。

2.3 有扩展和组装两种方式

汉语由字到词、由字词到句子的组合生成，有扩展和组装两种方式。扩展就是由小到大，是滚雪球式的；组装就是整块搬用，是搭积木式的。例如：

| 扩展 | | 组装 | | |
|---|---|---|---|---|
| 京 | | | 不吃早饭 | |
| 北京 | | 天天 | 不吃早饭 | |
| 在北京 | 她 | 天天 | 不吃早饭 | |
| 住在北京 | 她 | 天天 | 不吃早饭 | 是为了减肥 |
| 也住在北京 | | | | |
| 他也住在北京 | | | | |

扩展和组装是从不同的角度说的，实际上，扩展就包含组装，组装也包含扩展。扩展和组装都是直接组合，也都是以旧带新。在汉语教学中，应把扩展和组装练习作为基本的教学方法，这种方法体现对同类现象的分类和归类，既有助于温故知新，也有助于学会举一反三。

2.4 组合层次直接表现组合关系

2.4.1 组合层次和组合关系

（1）组合层次。汉语各级单位的组合具有一定的层次性。例如：

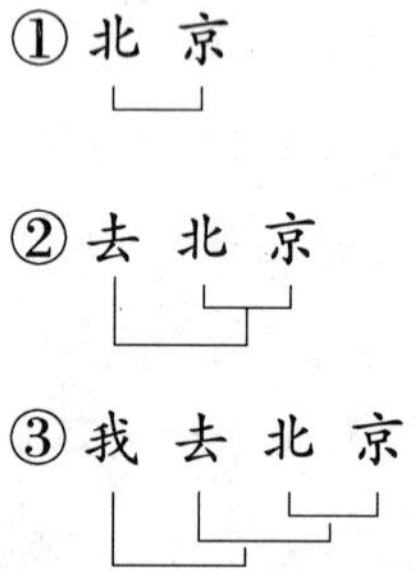


我们用连接线代表组合层次，连接线的数量就代表组合层次的数量。在上面的例子中，“北京”是一个组合层次，“去北京”是两个组合层次，“我去北京”是三个组合层次。

（2）组合关系。组合关系是指结构单位内部概念与概念的关系。例如：我们把“北京”的组合关系叫做“定中关系”，“北”是限定成分，“京”是中心成分。“定中关系”就是限定成分与中心成分的关系。“定”是“限定”的意思，不是“定语”的意思。我们把“去北京”的组合关系叫做“动受关系”（其中包含定中关系），“去”

是动作，“北京”是动作接受者。“动受关系”就是动作和动作接受者的关系。我们把“我去北京”的组合关系叫做“主述关系”（其中包含定中关系和动受关系），“我”是主体，“去北京”是述体。“主述关系”就是主体和述体的关系。这里的“定中关系”、“动受关系”、“主述关系”都属于组合关系。

2.4.2 组合层次直接表现组合关系

所谓“组合层次直接表现组合关系”，就是组合层次对组合关系的表现只需要通过字序和词序，不需要通过转换程序。详见表6：

**表6**

| 例句 | 我看书 | 我不看书 | 书我看 | 书我不看 |
|---|---|---|---|---|
| 组合层次 | 我 看书 | 我 不 看书 | 书 我看 | 书 我 不看 |
| 组合关系 | 施–[动–受] | 施–否–[动–受] | 受–[施–动] | 受–施–[否–动] |

并非所有的语言都具有组合层次直接表现组合关系的特点。我们从《新概念英语·2》中选了五个英文句子，把它们翻译成汉语，对比如下：

① I'm coming to see you.

我 就 来 看 你。

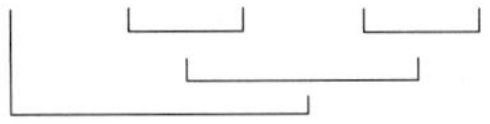

② I read a few lines, but I did not understand a word.

我 看 了 几 行，但 是 一 个 词 也 没 看 懂。

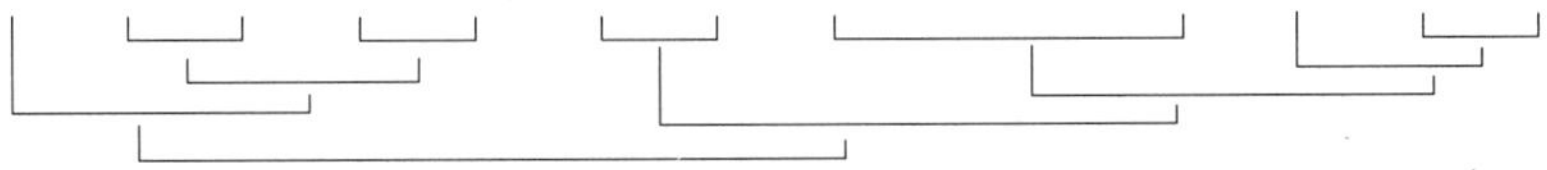

③ I have just received a letter from my brother, Tim.

我 刚 收 到 我 弟 弟 天 睦 的 一 封 信。

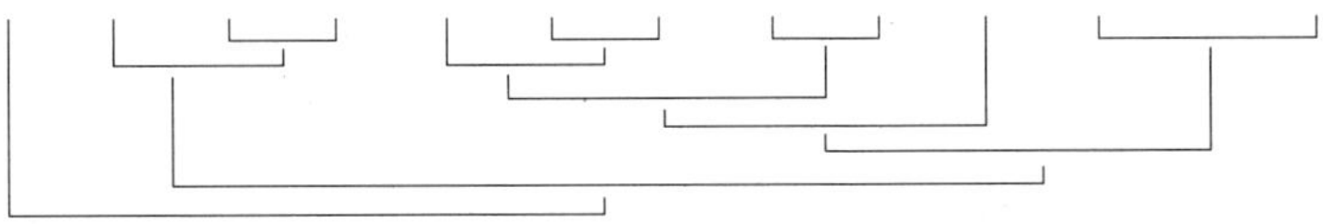

④ He has been there for six months.

他 在 那 儿 住 了 六 个 月 了。

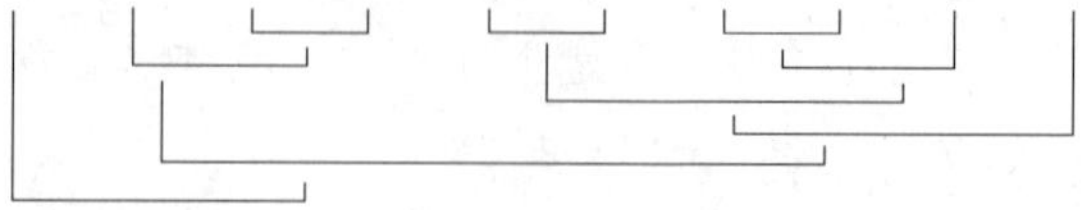

⑤ He is working for a big firm and he has already visited a great number of different places in Australia.

他在一家大公司工作，已经去过澳大利亚的许多地方。

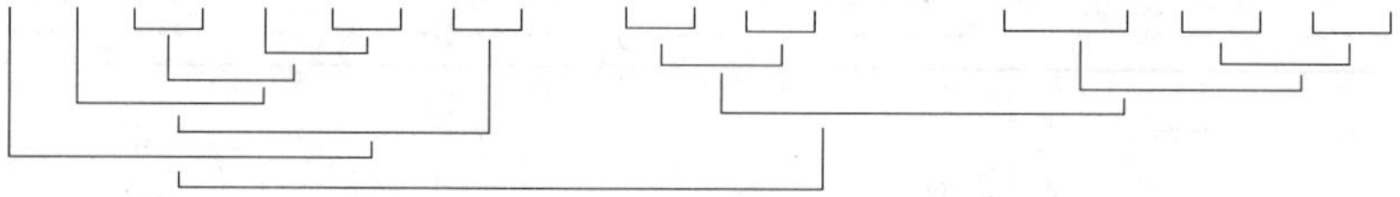

上面五个汉语句子，从连接线可以清楚地看到各个结构单位之间的组合层次和组合关系。而与此相对应的五个英文句子，却包含多种转换程序。例①的 am coming 由 come 转换而来；例②的 lines 由 line 转换而来，did 由 do 转换而来，read 则在读音上有转换关系；例③的 have received 由 receive 转换而来；例④的 has been 由 be 转换而来；例⑤的 is working 由 work 转换而来，has visited 由 visit 转换而来，places 由 place 转换而来。这些例子都说明，英语的结构层次中都包含转换程序，语义关系不是通过直接组合构成的。

2.4.3 组合层次和组合关系的概括性

组合层次直接表现组合关系，就意味着组合层次与组合关系是互相对应的。不过，对应不是一对一，而是一对多。也就是说，同样的组合层次往往包含多种组合关系，一定的组合层次是对一定的组合关系的概括。例如：

中 国 人　　说 汉 语　　说 得 好

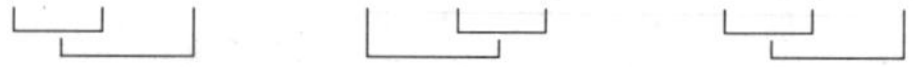

上面的例子组合层次相同，组合关系却不同。“中国人”是定中关系，“说汉语”是动受关系，“说得好”是动补关系。动补关系即动作和动作补充成分的关系。这就是组合层次对组合关系的概括性。

组合关系也具有概括性，是对语义结构特点的概括。例如：

① 考汉语　考老师　考大学　考研究生　考公务员

② 买菜　花钱　搬家　吃饭　造桥　洗衣服

上面的两组例子，组合关系都是动受关系，语义结构特点却各不相同。在第一组中，“考汉语”中的“汉语”是考试的内容，“考老师”中的“老师”是考试的对象，“考大学”表示考试是为了上大学，“考研究生、考公务员”表示考试是为了成为研究生、公务员。在第二组中，“买菜”是通过“买”而得到“菜”，“花钱”是通过“花”而失去“钱”，“搬家”是通过“搬”而改变“家”的位置，“吃饭”意味着“饭”已存在，“造桥”意味着“造”后“桥”才出现，“洗衣服”则表示通过“洗”使“衣服”变得干净。组合关系相同而语义结构特点不同，就意味着组合关系也具有概括性。

组合层次和组合关系的概括性为什么不影响对语义结构特点的理解？那是因为以字为基本结构单位的“二合”机制本身有区分作用，可以通过字义和字序把不同的语义结构特点区别开来。

## 三、组合汉语和组合汉语教学

从上面的讨论可以看出，汉语的根本特点是“组合”。汉语的这一根本特点决定了汉语是组合型语言。组合汉语是一种新的汉语理论系统，把这种新的汉语理论系统叫做组合汉语，就是为了突出汉语的根本特点，表明汉语是组合型语言。

组合汉语教学是以组合汉语理论为语言学依据的汉语教学。把以组合汉语理论为语言学依据的汉语教学叫做组合汉语教学，不但是为了突出这种汉语教学的语言学依据，而且也是为了突出这种汉语教学的教学法特点。组合汉语教学的教学法就是“组合法”。

用“组合法”教汉语，是汉语和汉语教学特点的需要。跟其他语言教学一样，汉语教学也是一个复杂的系统，其中包括汉语系统、汉语学习系统和汉语交际系统，汉语系统又包括字法系统、词法系统和句法系统。只有使用“组合法”，才能把字法系统、词法系统和句法系统统一起来，也才能把汉语系统、汉语学习系统和汉语交际系统统　起来。

汉语教学实践离不开汉语理论的指导，汉语理论又必须接受汉语教学实践的检验。组合汉语研究的动因和出发点是提高汉语教学的质量和效率，我们针对汉语教学中存在的问题开展汉语研究，把汉语研究的成果应用于汉语教学，通过教学实践对研究成果加以检验、补充和修正，这就不但形成了汉语研究的新视角和汉语教学的新思路，而且也形成了汉语研究和汉语教学的互动关系，这种互动关系可以促进汉语研究和汉语教学的共同发展。组合汉语和组合汉语教学就是在互动中发展起来的，还要继续在互动中向前发展。

# 第三讲　组合汉语教学路子

一、什么是教学路子

二、组合汉语教学路子

三、关于教学模式和教学方法

我们在上两讲分别讨论了教什么和教什么的决定性因素，教什么的决定性因素就是汉语的特点。这一讲集中讨论怎么教，怎么教是教学法研究的内容。教学法的内容具有层次性，我们按其层次把教学法细分为教学路子、教学模式、教学方法和教学技巧。教学路子是第一层次，教学模式是第二层次，教学方法是第三层次，教学技巧是第四层次。作为第一层次，教学路子对教学模式、教学方法和教学技巧有支配作用。因此，研究教学法，要把教学路子的研究放在突出的地位。本讲主要讨论教学路子问题，顺便说说教学模式和教学方法。

## 一、什么是教学路子

所谓教学路子，概括地说，就是经过人工设计的为实现某种教学目的而进行知识传授和技能训练的途径和方式。下面具体说明。

人们学习语言，是为了获得目的语的语言能力和语言交际能力。因此，进行语言教学，要把帮助学生获得语言能力和语言交际能力作为直接的教学目的。语言能力和语言交际能力是由知识和技能两个方面的要素构成的。知识包括语言知识、语用知识和相关的文化知识，语言知识又包括语音、文字、词汇、语法等语言要素以及关于语言和语言要素的理论知识；技能包括听、说、读、写等言语技能和相应的言语交际技能。这些也就是第二语言学习和教学的基本内容。语言知识、语用知识和相关文化知识是客观存在，从总体上说，不会因为任何个人是否存在而受到影响；而言语技能和言语交际技能则总是跟具体的人联系在一起的，是具体的人的技能，离开了具体的人，就无法体现这样的技能。客观存在的知识可以由传授而获得，属于个人的技能却需要经过训练才能掌握。言语技能和言语交际技能必须以客观存在的语言知识、语用知识和相关文化知识为基础，但是这些知识必须通过转化才能成为学习者个人的技能。转化的办法就是结合知识传授进行技能训练。因此，所谓语言教学，实际上就是通过适当的途径和方式，把客观存在的语言知识、语用知识和相关的文化知识转化为学习者个人的言语技能和言语交际技能。语言教学的任务就是通过知识传授和技能训练去促进由知识向技能的转化。要通过知识传授和技能训练来帮助学生完成由知识向技能的转化，就必须设计出进行知识传授和技能训练的途径和方式，这样的途径和方式就是教学路子。例如，把各种知识的传授和各项技能的训练放在同一课目中进行，就叫“综合教学”；通过开设听力、口语、阅读、写作等不同的课目分别训练不同的技能，并围绕不同技能的训练进行相关知识的教学，就叫“分技能教学”；既开设综合教学的课目，又开设分技能教学的课目，就叫“综合教学与分技能教学相结合”。“综合教学”、“分技能教学”、“综合教学与分技能教学相结合”就属于不同的教学路子。又如，在同一课目中用同一种教材既教口头汉语，又教书面汉语，就叫“语文一体”；通过不同的课目分别教授口头汉语和书面汉语，就叫“语文分离”，“语文分离”还可以细分为“先语后文”、“先文后语”、“语文并进”；把“词”作为基本教学单位，使汉字教学附属于词汇教学，就叫“词本位”教学；把“字”作为基本教学单位，就叫“字本位”教学。“语文一体”教学和“语文分离”教学、“词本位”教学和“字本位”教学也属于不同的教学路子。

## 二、组合汉语教学路子

组合汉语教学路子是一种全新的教学路子，这种教学路子的语言学依据是组合汉语理论。组合汉语教学路子的主要特点是：汉字本位，随文学语，口语教学和书面语教学逐渐分流。下面逐项说明。

### 1. 汉字本位

“汉字本位”就是“以汉字为基本教学单位”的意思。汉语教学既然包括口头汉语教学和书面汉语教学，为什么只说以汉字为基本教学单位，而不说以音节为基本教学单位？那是因为汉字跟口头汉语的音节既有对应关系，也有包容关系。

对应关系表现为：口头汉语的一个音节写下来就是一个汉字，一个汉字念出来就是一个音节。例如：

Fēi lǜ bīn
菲 律 宾
Huá yǔ jiào xué
华 语 教 学

包容关系表现为：汉字包含音节，音节不包含汉字。例如，汉语音节的生成元素有声母、韵母和声调，汉字的读音也有声母、韵母和声调。因为汉字与口头汉语的音节有包容关系，所以教汉字的读音就包括教音节的发音。也就是说，汉字教学就包含音节教学，以汉字为基本教学单位，就包括以音节为基本教学单位。

以汉字为基本教学单位，就意味着词和句的教学要以汉字教学为基础，汉字教学要落实到词和句的教学，实现“以字组词、以字词组句”，进一步实现“以句组篇”。“以字组词、以字词组句、以句组篇”，就是由“字”到“词”、由“字词”到“句子”再到“语篇”的组合生成。词、句、篇的教学如果不以汉字教学为基础，汉字教学如果不落实到词、句、篇的教学，就不能实现由“字”到“词”、由“字词”到“句”再到“篇”的组合生成，也不能体现以汉字为基本教学单位。由此可见，“汉字本位”和“组合生成”是相互关联的，也是顺从汉语特点的势在必然。

“组合生成”的意识自古就有。刘勰在《文心雕龙》中就说过：“夫人之立言，因字而成句，积句而成章，积章而成篇。”《马氏文通》则说：“是书本旨，专论句读，而句读集字所成者也。惟字之在句读也必有其所，而字字相配必从其类，类别而后进论夫句读焉。”上面的引语说的是同样的意思，即由小到大的组合生成。刘氏和马氏说的是古代汉语，在现代汉语方面，讲“组合”的更多。北京大学编写的《汉语教科书》（商务印书馆，1958）是新中国出版的第一部对外汉语教材，该书附录中有一项叫“汉字组合一览”，内容就是该书出现的汉字和由这些汉字“组合”而成的词语。这说明，早在20世纪50年代，中国对外汉语教学界就已经意识到书面汉语的词语是由汉字组合起来的，就已经把“组合”作为一种教学手段。张志公先生主编的《现代汉语·中册》（人民教育出版社，1982）有一章专论“组合”。该书在举例说明了各级语言单位的组合特点之后，明确指出：“汉语的五级语言单位，就是这样由小到大，一级一级的组合起来的。”该书所说的五级语言单位是语素、词、词组、句、句组。邢福义先生的《汉语语法学》（东北师范大学出版社，1997）把汉语的语法规则分为“‘构成’规则”和“‘组合’规则”，指出：“由小往大看，某个语法实体可以跟什么样的语法实体组合，有什么规律，这便表现为‘组合’规则。”这里也把组合规则看做汉语语法的一种常态。我们认为组合生成是汉语的生成机制，也代表汉语的系统特征，因此把汉语界定为组合型语言。这一认识不是从天而降，也不是头脑发热的产物，而是对古今汉语语法研究成果的继承和发展。

以汉字为基本教学单位不但是汉语特点的要求，而且也是汉语习得规律的要求。为什么说也是汉语习得规律的要求？

在课堂上学习和习得语言，总要依赖于教学输入。教学输入包括输入的内容、程序、方法和技巧等。研究语言教学，就要研究怎样进行教学输入才能取得最佳习得效果。语言教学法的研究，应该以输入和习得的关系为中心。如果认为语言习得跟教学输入没有关系，语言教学法的研究就毫无意义。

语言教学的输入实际上有具象输入和抽象输入、有序输入和无序输入之分。具象输入就是输入的内容具有直观性和直接表义的特点，抽象输入则相反，不考虑学习内容的直观性和直接表义的特点，输入的内容往往要通过详细解释学生才能理解。有序输入就是基于语言规律和语言习得规律的循序渐进的输入，无序输入则是不顾语言和语言习得规律的随意输入。语言教学，尤其是初级阶段的语言教学，只有在具象输入和有序输入的情况下才能取得最佳习得效果。

输入单位要跟教学单位保持一致。以汉字为基本教学单位，就要以汉字为基本输入单位；以词为基本教学单位，就要以词为基本输入单位。以汉字为基本输入单位和以词为基本输入单位，会导致不同的习得效果。我们用下面的图形表示以汉字为基本输入单位和以词为基本输入单位在汉语学习和习得上的区别。图 1 表示以汉字为基本输入单位，图 2 表示以词为基本输入单位。

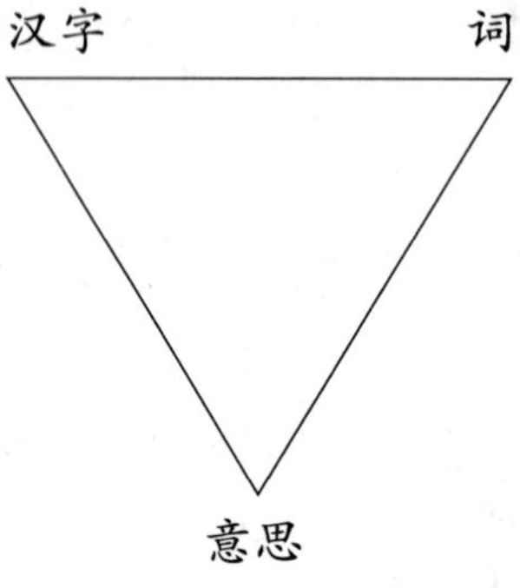


**图 1**

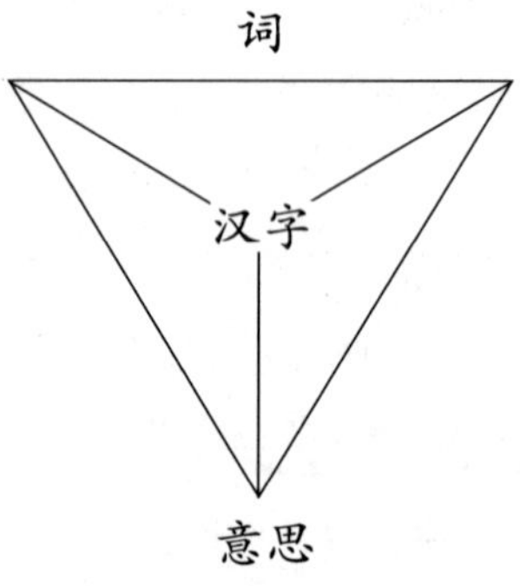


**图 2**

以上两个图形所显示的主要区别是：

（1）输入特点上的区别。一种语言的基本结构单位必然是这种语言的基本认知单位，汉字就是汉语的基本认知单位。汉字有画形表义的特点，可以通过字形识别字义，以汉字为基本输入单位，就是具象输入。以汉字为基本输入单位，就可以建立起由简单到复杂的输入系统，由简单到复杂的输入就是有序输入。这样的具象输入和有序输入，有助于强化对汉字的认知。以词为基本输入单位，就不可能做到对汉字进行具象输入和有序输入，因此不利于对汉字的认知。

（2）学习和习得过程上的区别。汉字是形音义统一体，以汉字为基本输入单位，学习汉字就是直接学习汉字的形音义；由字到词，就是建立字形、字音、字义与词形、词音和词义的直接联系，只需要一道程序。以词为基本输入单位，学词只能建立词形、词音、词义之间的联系，汉字的形音义基本上是脱节的。如果要掌握词中的汉字，还要回过头来单独建立字形、字音、字义的联系，再回过头去建立字形、字音、字义与词形、词音、词义之间的联系，这就是两道程序。跟以汉字为基本输入单位相比，以词为基本输入单位，学习和习得的过程要复杂得多。

（3）理解和记忆上的区别。因为汉字是形音义统一体，所以学习汉字有一定的理据可循，汉字的理据性有助于对汉字的理解和记忆。词是由汉字组合生成的，有一定的组合规则，汉字的理据性和词的组合规则使词也具有一定的理据性，词的理据性也有助于对词的理解和记忆。汉字和词的理据性不但有助于对字词的理解和记忆，而且能够帮助学习者在学习字词的过程中学会举一反三。这对青少年和成年人尤其重要。掌握了一定数量的汉字以后，就有大量的词可以无师自通，能够迅速扩大词汇量。以词为基本输入单位，不单独介绍汉字的形音义关系，词的学习就无理据可循，只能一个一个地死记硬背。跟以汉字为基本输入单位相比，理解和记忆的负担要重得多。

上面的事实说明，汉语教学输入只有以汉字为基本单位，才能让学习者获得最佳习得效果。

### 2. 随文学语

"随文学语"的"文"是指书面汉语，"语"是指口头汉语。随文学语就是通过汉字和汉字组合学习书面汉语，同时学习口头汉语，实现书面汉语学习和口头汉语学习的一体化。

随文学语要把汉字教学作为汉语教学的起点，直接用汉字教发音和说话。直接用汉字教发音和说话，就是直接用汉字教口头汉语，区别于用汉语拼音教口头汉语。我们把用汉语拼音教口头汉语的方法叫做"拼音法"，把直接用汉字教口头汉语的方法叫做"直音法"。汉语的特点决定了可以而且应该用"直音法"教口头汉语。

实践证明，用"直音法"教口头汉语不但是可行和必要的，而且可以取得更好的教学效果。下面分别说明用"直音法"教口头汉语的可行性、必要性和教学效果。

2.1 可行性

汉语语音教学包括字音、词音和句音的教学。因为汉字与口头汉语的音节有包容关系，所以教汉字的读音就包括教音节的发音，字音、词音和句音的教学都可以用汉字教学和由字到词、由字词到句子的组合教学来实施。例如：

我们 是 学习 汉语 的 学生。

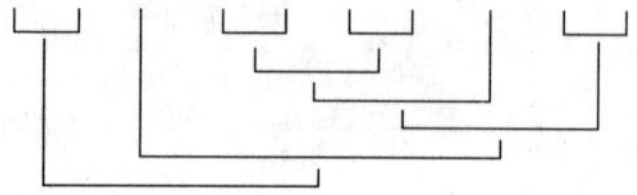

上面是由 9 个汉字和 8 个词语层层组合起来的一个句子。9 个汉字是：我、们、是、学、习、汉、语、的、生；8 个词语是：我们、学习、汉语、学习汉语、学习汉语的、学生、学习汉语的学生、是学习汉语的学生。教这个句子，就是从汉字教起，依照连接线的层次顺序，进行由汉字到词语再到句子的组合教学。进行组合教学，就包括字音、词音和句音的教学，直至学生会读、会说、会写相关的字、词和整个句子。这就是随文学语，也就是书面汉语教学和口头汉语教学的一体化。

汉语学习者的发音偏误，主要集中在声母、韵母和声调这三个方面。语调问题主要是声调问题，只要声调掌握好了，语调就会比较自然，至少不会出现严重的洋腔洋调。直接用汉字教发音和说话并不妨碍从声母、韵母和声调这三个方面练习发音。例如，可以分别把声母相同、韵母相同、声调相同的汉字放在同一组进行声母、韵母和声调的练习，也可以按照声调的组合序列（例如，第一声加第一声、第一声加第二声……第二声加第一声、第二声加第二声……）进行相应的声调组合练习。举例如下：

（1）声母练习

家 见 姐 今 九（j，ji）

七 期 气 请 去（q，qi）

先 想 向 小 星 姓（x，xi）

（2）韵母练习

八 牙 马 怕（a）

开 来 买 在（ai）

语 玉 女 去（ü，yu）

（3）声调练习

第一声：

**一 三 八 七 工**

第三声＋第一声（半三声变调）：

**我家 你家 我说 你说**

所有的声母、韵母和声调以及声调组合都可以用上面的方法进行练习。

直接用汉字教口头汉语，同样可以有针对性地纠正学生的发音偏误。学生的声、韵、调偏误不一定同时出现，所谓有针对性地纠正，就是哪里出现偏误，就纠正哪里的偏误。有针对性地纠正发音偏误可以参考“反切法”的原理。反切法是中国传统的汉字注音方法，这种方法就是用两个相关的汉字给一个汉字注音：前一个汉字的声母加后一个汉字的韵母和声调正好是被注汉字的读音。例如：可以用“开”和“工”为“空”注音，“空”的读音就叫“开工切”(亦称“开工反”)。用反切法注音和纠正发音偏误必须找到学过的汉字，第二语言学习者在起始阶段学过的汉字数量有限，要找到完全合适的汉字不太容易。不过可以采取变通的办法，这就是：用三个相关的汉字对声、韵、调分别加以引导。如果声母发不好，就从学过的汉字中找声母相同的汉字引导；如果韵母发不好，就从学过的汉字中找韵母相同的汉字引导；如果声调发不好，就从学过的汉字中找声调相同的汉字引导。我们上面所举的那些声母、韵母和声调练习的例子，就是对反切法的变通用法。关于声母、韵母和声调的教学方法以及纠正发音偏误的方法，可参阅吕必松《华语教学讲习》第五讲或《汉语和汉语作为第二语言教学》①第六章第一节。

习惯了用汉语拼音教口头汉语的教师可能一时转不过弯来，会觉得用汉字教口头汉语有点奇怪。其实，用汉字教口头汉语一点也不奇怪。因为汉字不但可以用来看，而且也可以用来读，可以用来读当然就可以用来练习说。一个汉字的读音就是一个音节的发音；用汉字组成词语，词语的读音就是词语中的汉字组合起来的读音；用汉字和词语组成句子，句子的读音就是句中的汉字和词语组合起来的读音。有读音就能练习说。看到一个汉字，经过练习，就能说出这个汉字；看到由汉字组成的词语，经过练习，就能说出这个词语；看到由汉字和词语组成的句子，经过练习，

---

① 吕必松，《汉语和汉语作为第二语言教学》，北京大学出版社，2007。

就能说出这个句子。句组、语段、语篇都是由句子组成的，会说句子，就会说句组、语段、语篇。当然，这些都要经过口头练习，口头练习的目的是达到发音准确和说话流利。一个汉字的读音就是一个音节的发音，有读音就能练习说，这是非常简单的道理，有经验的汉语教师应该都有这样的体会。这样简单的道理为什么变得复杂起来了？这是因为被“汉字没有表音功能”的理论弄糊涂了。我们不禁要问：汉字如果没有表音功能，怎么能用来念？认为汉字没有表音功能，是因为断定只有字母表音的文字才有表音功能。其实，字母表音只是文字表音的方法之一。汉字不是用字母表音，而是用整字表音，整字表音有两种方法，一是一字一音，二是音符表音（形声字）。只要从汉语和汉语教学的事实出发，而不是从脱离汉语和汉语教学实际的理论出发，就不会觉得用汉字教口头汉语是件奇怪的事情了。

还有人担心，用汉字教口头汉语，汉字要一个一个地记，那么多汉字怎么记得住？我在许多场合都说过，我们主张用汉字教口头汉语，并不是主张废除汉语拼音教学，只是主张把汉语拼音教学适当推后，不要把汉语拼音作为练习发音和说话的工具。推迟汉语拼音的教学，就不是用拼音教汉字，而是用学过的汉字教拼音。用学过的汉字教拼音，主要是教汉语拼音怎样念，怎样写，不必在发音练习上多下工夫，学习拼音会相对容易。前期用汉字教发音和说话，要从认读、唱读、书写、组词、造句等不同的角度进行反复练习，所学的汉字重现率很高，不存在记不住的问题，这是有教学实践反复证明了的。等学生语音基本过关以后再教汉语拼音，学生就可以用汉语拼音认读汉字。这样，汉语拼音的作用只是给汉字注音，这正是推行《汉语拼音方案》的主旨。语音基本过关以后用汉语拼音认读汉字，可以减少汉语拼音对正确发音的误导和干扰作用。如果结合手机和电脑的中文处理教拼音输入，拼音教学的效果会更好。

2.2 必要性

上面说的是用“直音法”教口头汉语的可行性。可行的方法不一定都是必要的，我们主张用“直音法”教口头汉语，不但是因为可行，而且还因为必要。必要性如下：

2.2.1 要使汉字教学成为通向书面汉语和口头汉语的“直通车”

用“直音法”教口头汉语，就是同时学习书面汉语和口头汉语，汉字教学就是通向书面汉语和口头汉语的“直通车”。只有把汉字教学作为通向书面汉语和口头汉语的“直通车”，才能发挥汉字教学“牛鼻子”的作用，才能用汉字教学系统去统领整个汉语教学系统。汉语拼音不能代替汉字，用“拼音法”教口头汉语，学习书面汉语需要另学汉字，等于要用汉字“转车”。用汉字“转车”，就意味着学习汉语要用两道程序，用两道程序去完成本应由一道程序完成的任务，必然更加费时费力。况且，学习汉语拼音也没有人们想象的那么容易。汉语拼音虽然是用拉丁字母写的，但是即使是熟悉拉丁字母的学生，也要一个一个地学、一个一个地记，又不像有直接表义作用的汉字那样容易理解和记忆。有些学生反映，他们学习汉语拼音比学习汉字还难。对大多数学生来说，与其用大量的时间学习汉语拼音，还不如直接学习汉字。即使就口头汉语学习而言，只要按照由简单到复杂的程序教学汉字，使汉字学习化难为易，直接用汉字学习也会学得更快。

2.2.2 要避免汉语拼音对正确发音的误导

汉语音节是原本性结构单位（“原本性”即原本如此，并非人工合成所致），一个音节就是一个音，发音是一气呵成的，中间没有任何停顿。用汉语拼音教发音，把音节的声母、韵母和声调拆开来教，就使学生误认为汉语音节的发音就是声母、韵母和声调的拼合，发音时就要同时想着声、韵、调，就要想着怎样把三者拼合在一起。想着怎样把三者拼合在一起，发音时就不但不能一气呵成，而且还会因为处理不好三者的关系和对汉语拼音字母不可避免的误读而出错。这就是汉语拼音对正确发音的误导作用。此外，汉语拼音的拼写方法对正确发音也有误导作用。举例如下：

（1）u 对 ü 的误导。ü 与 j、q、x 相拼时要写成 ju、qu、xu（实为 jü、qü、xü），自成音节时要写成 yu（实为 yü），都会导致把 ü 读成 u。第二语言学习者把 jü、qü、xü、yü 读成 ju、qu、xu、yu 是普遍现象，这当然跟多数学生的原有语言中没有 ü 音有关，而难以纠正却跟拼写方法的误导有一定的关系。

（2）iu 对 iou 的误导。iou 在 j、q、x、n、l 等声母后面都要写成 iu, 使学习者误认为 iu 就是 i 和 u 的拼合，与英文字母 u 的发音相似，于是就把 jiu、qiu、xiu、niu、liu（实为 jiou、qiou、xiou、niou、liou）读成 ju、qu、xu、nu、lu（不是 jü、qü、xü、nü、lü）。

（3）ui 对 uei 的误导。第二语言学习者发 dui、tui、gui、zui（实为 duei、tuei、guei、zuei）等音节开口度普遍偏小，正是把 uei 写成 ui 的结果。

用“直音法”教口头汉语，就要通过汉字把音节作为整体来教，学生头脑中没有汉语拼音，只觉得一个汉字就是一个音，上述误导现象就不会发生。

2.3 教学效果

教学方法好不好，最终要拿教学效果来检验。有实践证明，用“直音法”教发音和说话效果更好。举例如下：

（1）来自外国同行的反映。美国温晓虹教授在审阅《组合汉语知识纲要》[①]初稿时有以下批注：

> 我甚至都没想过用汉字教音节、教发音。休士顿地区最少有两个中文学校，对初学汉语的孩子，用的是“直音法”。老师们觉得效果特别好。最近国内人教社的社长和主管中文书籍的负责人来到休士顿和当地中文老师座谈，这些老师又提到想要一套用汉字教音节的教材，可能他们的愿望会在您这儿实现呢！

（2）2007 年的试验。2007 年，北京新亚研修学院用新编组合汉语教材《48 小时汉语速成 • 基础篇》（初稿）进行过一次试教，任课的袁媛老师在教学总结中说：

> 直接用汉字进行语音练习，不用《汉语拼音方案》教学语音，减少了英语语音的干扰作用；学生的声、韵、调都比较标准，没有怪声怪气的发音。

（3）2008 年的试验。2008 年，吕效东和郝晓梅两位老师用同一教材在新加坡进行了试教。他们在教学总结中写道：

> 《48 小时汉语速成》采用“直音法”教学语音，把语音教学融入到汉字、词语和句子等语言要素的教学中，既省时省力，又避免了因受英语发音的影响而产生发音错误，学生都能够较好地掌握汉语音节的发音要领。这样掌握的汉语语音更准确、更深刻。试验证明，直接用汉字教发音和说话的方法是可行和有效的。

按照“随文学语”的程序进行汉语教学，有可能被认为违背语言习得规律。大家都知道，第一语言技能习得的顺序是先听后说，先读后写，先听说后读写。通行的语言习得理论认为，第二语言教学只有仿照第一语言的习得顺序处理听说和读写以及听和说、读和写的关系，才符合语言习得规律。这就是“先语后文”、“听说领

---

① 吕必松、赵淑华、林英贝著，《组合汉语知识纲要》，北京语言大学出版社，2006。

先”等教学路子和教学模式的理论依据。按照“随文学语”的程序进行汉语教学，岂不是违背了语言习得规律？我们认为，事实恰恰相反，主张仿照第一语言的习得顺序处理第二语言技能训练的顺序，才是真正违背了语言习得规律，因为这样的主张只是看到了第一语言技能习得顺序的表面现象，完全忽视了人的智力发展与语言习得的关系，完全忽视了第二语言习得跟第一语言习得的区别。婴幼儿开始学习第一语言时，大脑基本上是一张白纸，只能通过听觉去感知外界的声音，通过视觉去观察周边的情势，通过视听的反复刺激逐渐学会把声音和情势图像联系起来，一步步形成音像所代表的概念，了解概念与概念之间的关系。在此过程中，同时进行模仿，逐渐学会发音和说话。幼儿对文字的感知也是从图像开始的，最初还没有能力区分笔画或字母，只能把一个个文字符号看成一幅幅图像，像照相那样把看到的图像印刻在头脑里。只有当智力发展到一定的阶段，才能识别笔画或字母，才能进而学习书写。上述过程也是婴幼儿思维发展的过程，是智力发展与语言习得互动的过程。这样的过程说明，婴幼儿学习第一语言，“听、说、读、写”这四项技能只能一项一项地分阶段获得，每两项技能的获得，中间要间隔一段时间。按照“听→说→读→写”的顺序学习和习得第一语言，是婴幼儿主观条件与客观条件相结合的自然发展过程，也是第一语言习得不可抗拒的自然规律。但是，我们不赞成把婴幼儿习得第一语言的规律泛化为人类语言习得的普遍规律。人们学习第二语言时，已经不同程度地掌握了至少一种语言，获得了学习和使用语言的经验，其他智力因素也得到了相应的发展。因此，婴幼儿习得第一语言的规律对第二语言学习和习得已不再具有约束力，第二语言学习者完全有能力把识字、阅读和书写跟说话结合起来学习，这样可以全面调动语言学习和习得的机制，促进各项技能的快速发展。这时如果继续要求按照“听→说→读→写”的顺序学习语言，就不是遵循语言习得规律，而是限制第二语言学习者的智力发挥。

### 3. 口语教学和书面语教学逐渐分流

我们在前面一直强调口头汉语教学和书面汉语教学的一体化，这里又提出口语教学和书面语教学逐渐分流，是不是互相矛盾？如果觉得互相矛盾，是因为有两类不同的语体概念，我还没有来得及解释。

我们前面所说的口头汉语是指口头交际使用的汉语，口头交际使用的汉语就是说的汉语；书面汉语是指书面交际使用的汉语，书面交际使用的汉语就是写的汉语。

意思相同的话，说的汉语和写的汉语可能完全相同。例如：

① Wǒmen dōu shì Huáyǔ jiàoshī.
我们都是华语教师。

意思相同的话，说的汉语和写的汉语也可能不完全相同。例如：

② Fēilùbīn zǒngtǒng jiù yào fǎngwèn Zhōngguó le.
菲律宾总统即将访华。

上面的两个例子，用汉语拼音写的是口头汉语，用汉字写的是书面汉语。例①的口头汉语和书面汉语完全相同。例②的口头汉语和书面汉语不完全相同，不同点就在于：用汉语拼音写的口头汉语是口语体，用汉字写的书面汉语是书面语体。这说明，实际上有两类语体，这两类语体是：

（1）语用语体。“口头汉语”和“书面汉语”属于语用语体。

（2）语言语体。“口语”和“书面语”属于语言语体。

从上面的例子可以看出，汉语的“口语”就存在于“口头汉语”之中，汉语的“书面语”就存在于“书面汉语”之中。这就是说，语言语体就存在于语用语体之中。因为语言语体就存在于语用语体之中，所以可以从语用语体中逐渐分流出来。所谓口头汉语教学和书面汉语教学一体化，是指语用语体教学的一体化；所谓口语教学和书面语教学逐渐分流，就是把语言语体教学从语用语体中逐渐分流出来。这就不存在互相矛盾的问题。

区分语用语体和语言语体是完全必要的，因为这是无法回避的语言事实。口头汉语和汉语口语的内涵不完全相同，有些词语和表达方式只在口语中使用；书面汉语和汉语书面语的内涵也不完全相同，有些词语和表达方式只在书面语中使用。语体的运用往往要随着交际目的、交际内容、交际对象和交际场合的不同而进行变换。口头交际一般使用“口语”，但是也可能使用“书面语”。例如，讲课、作学术报告、进行专业性谈话等虽然都是口头表达，但是也使用书面语，至少带有书面语成分。书面交际一般使用“书面语”，但是也可能使用“口语”。例如，给亲人和好友的信函、小说和剧本中的对话等虽然都是书面形式，但一般都使用口语。因此，我们不能把口头交际使用的语言都叫做口语，也不能把书面交际使用的语言都叫做书面语。

因为语体的运用要随着交际内容、交际目的、交际对象和交际场合的不同而进行变换，所以语体变换能力是语言能力的表现之一。当我们谈论口头表达能力的时候，不仅仅是指口语表达能力；当我们谈论书面表达能力的时候，也不仅仅指书面语表达能力。从汉语作为第二语言学习者的中介语中可以发现，语体变换是学习的难点之一，在第二语言教学中必须引起足够的重视，不能完全用口头汉语教学代替汉语口语教学，也不能完全用书面汉语教学代替汉语书面语教学。

初级阶段教“书面汉语”和“口头汉语”，要以中性语体为主。所谓中性语体，就是既没有明显的口语特点，也没有明显的书面语特点。中性语体不存在“分流”的问题。随着学生汉语水平的提高，要逐渐增加口语成分和书面语成分，适当进行书面汉语和汉语书面语、口头汉语和汉语口语的语体转换练习，让学生体会不同语体的区别。例如，要让学生体会“是不是”和“是否”有什么相同和不同之处，“看不起人”和“目中无人”有什么相同和不同之处，“菲律宾总统就要访问中国了”和“菲律宾总统即将访华”有什么相同和不同之处。到了高级阶段，就要分别建立口语和书面语的教学系统，专门进行口语和书面语的系统教学。这就是口语教学和书面语教学逐渐分流。口语教学和书面语教学逐渐分流，是培养高级汉语人才的需要。高级汉语人才的标志之一就是熟练掌握不同的语体，能够根据不同的交际内容、交际目的、交际对象和交际场合等进行语体的自由变换。

作为一种教学路子，以上三点——汉字本位、随文学语、口语教学和书面语教学逐渐分流——是一个完整的教学系统。这个教学系统包括汉字教学、书面汉语（包括汉语书面语）教学和口头汉语（包括汉语口语）教学等内容。教学程序的最大特点是“随文学语”和“以字组词、以字词组句、以句组篇”，教学方法的最大特点是“由笔画到汉字（或由笔画到部件再到汉字）、由字到词、由词到句（或由字、词到句）再到语篇”的组合生成，教学的直接目的是全面培养学生的口头交际和书面交际能力。我们认为，组合汉语教学路子是我们到目前为止所看到的汉语学习和教学的一条最直的路。

## 三、关于教学模式和教学方法

教学路子、教学模式和教学方法都属于教学法范畴。讲过教学路子之后再讲教学模式和教学方法，主要是为了说明三者的联系与区别。

## 1. 关于教学模式

### 1.1 什么是教学模式

教学模式也是人工设计的为实现某种教学目的而进行知识传授和技能训练的途径和方式。教学模式和教学路子都是人工设计的，都是进行知识传授和技能训练的途径和方式，因此，在概念的内涵上就有交叉和重叠。例如：综合教学和分技能教学，语文一体和语文分离，先语后文、先文后语、语文并进，等等，都可以指教学路子，也都可以指教学模式。但是，教学路子和教学模式毕竟不完全相同。它们的主要区别是：

（1）教学路子着眼于教学的发展过程，包括教学内容的组织和操作程序等；教学模式则着眼于教学的组织方式，包括开设哪几种课目等。

（2）教学路子要贯彻教学过程的始终，教学模式则可以分阶段侧重，同样的教学路子，在不同的教学阶段可以采用不同的教学模式。

（3）教学路子要反映所教语言的特点，教学模式除了要反映所教语言的特点以外，还要针对学习者的特点和需要以及教学条件、教学规模等。

（4）教学路子具有排他性，教学模式则允许多样性，同样的教学路子可以设定不同的教学模式，不同的教学路子也可以设定同样的教学模式，只要跟教学路子不发生冲突。

上述区别说明，教学模式和教学路子虽然在概念的内涵上有交叉和重叠，但是研究的着眼点和角度不同，在教学中的作用也不同。教学路子和教学模式不能互相代替。

### 1.2 组合汉语教学模式

组合汉语教学是体现汉语组合特点的汉语教学，组合汉语教学路子是以汉字为基本教学单位、按照二合方式进行组合生成的教学路子。这样的教学路子可以设定三种不同的教学模式，即：综合教学、分立教学和混合教学。这三种教学模式并非组合汉语教学所独有，词本位教学也可以设定同样的教学模式。实际上，组合汉语教学模式是由非组合汉语教学模式发展而来，只是不同教学路子下的同样的教学模式的具体特点不完全相同。下面分别介绍组合汉语的三种教学模式的主要特点。

（1）综合教学模式。组合汉语教学的综合教学模式的主要特点是：开设一门综合课，根据“随文学语”和“以字组词、以字词组句、以句组篇”的程序和“循序渐进”的教学原则进行读、听、说、写的全面训练。组合汉语综合教学模式跟非组合汉语综合教学模式的主要区别就在于教学程序不同。非组合汉语教学不以汉字为基本教学单位，所以没有“以字组词”的教学程序；因为不采用“以字组词”的教学程序，所以即使采用“语文一体、语文并进”的教学模式，也不同于组合汉语教学的“随文学语”。

（2）分立教学模式。组合汉语教学的分立教学模式可以细分为三种，即：语体分立教学模式、技能分立教学模式和专项分立教学模式。语体分立教学模式的主要特点是：按照语体性质开设书面汉语和口头汉语方面的课目，分别进行书面汉语和汉语书面语、口头汉语和汉语口语的教学。技能分立教学模式的主要特点是：按照技能性质开设读写、听说方面的课目，分别进行各项言语技能和相应的言语交际技能的训练。专项分立教学模式的主要特点是：根据学习者的需要开设有针对性的课目，例如汉字、口语、听力、视听说、热门话题、汉语水平考试辅导，等等。组合汉语教学的分立教学模式也要遵循“随文学语”和“以字组词、以字词组句、以句组篇”的教学程序。非组合汉语教学也可以采用分立教学模式，不过因为不是以汉字为基本教学单位，所以也不从汉字教起，也没有“以字组词”的教学程序。

（3）混合教学模式。组合汉语教学的混合教学模式是语体分立和技能分立相结合的教学模式，主要的特点是：既从语体性质的角度分别开设书面汉语和口头汉语方面的课目，又从技能训练的角度全面开设或有选择地开设阅读、写作、听力、口语、视听说等方面的课目。可以在前期开设语体分立的课目，在后期或中后期增设技能分立的课目。非组合汉语教学也可以采用混合教学模式，不过同样存在着教学路子上的区别。

1.3 教学模式跟教育层次、教学类型和教学阶段的关系

因为教学模式要针对学习者的特点和需要以及教学条件和教学规模等，所以必须跟教育层次、教学类型和教学阶段相适应（关于什么是教学类型，可参阅吕必松《汉语和汉语作为第二语言教学》第四章第四节）。也就是说，不同的教育层次、教学类型和教学阶段采用的教学模式不一定完全相同。我们用下面的表 7 表示教育层次、教学类型、教学阶段与教学模式的关系：

表 7

| 教育层次 | 教学类型 | 教学阶段 | | |
|---|---|---|---|---|
| | | 初级 | 中级 | 高级 |
| 基础教育（中小学） | 常规教学 | 综合 | 综合 | 综合或分立 |
| 高等教育（含成人教育） | 常规教学 | 综合或分立 | 分立或混合 | 分立或混合 |
| | 选修课教学 | 综合或分立 | 分立或混合 | 分立或混合 |
| | 短期培训 | 综合 | 分立 | 分立 |
| | 补习 | 专项分立 | 专项分立 | 专项分立 |

表 7 只是我对汉语教学模式设计的建议。再把建议内容概述如下：

（1）不同的教育层次和教学类型，除了“补习类型”，在初级阶段都可以采用综合教学模式。

（2）中小学的汉语教学虽然都属于常规教学，但周课时不会太多，在不同的教学阶段都可以采用综合教学模式。凡周课时较少的地方都适合采用综合教学模式。中小学到高级阶段也可以采用分立教学模式。

（3）大学的常规教学是指汉语专业和其他专修性的汉语教学，一般周课时较多，在初级阶段就可以采用语体分立教学模式，中级阶段则可以采用语体或技能分立教学模式，高级阶段还可以采用分立或混合教学模式。

（4）大学的汉语选修课一般周课时也较少，在初级阶段都可以采用综合教学模式，在中高级阶段也可以根据学生的特点和需要采用分立教学模式。

（5）短期培训多半具有速成性质，一般周课时较多，但是学习期限较短，所以初级阶段可以采用综合教学模式，中高级阶段可以采用语体分立或技能分立教学模式。

（6）补习是针对特殊需要的一种教学类型，要根据学习者语言能力和语言交际能力的某种欠缺给予补充教学。针对特别需要就必须开设专门的课目，这类课目无法归入以上教学模式，只能单列一类，就叫专项分立教学模式。

上述每一种教学模式都要设定课目，“综合”教学模式只设定一个课目，其他模式要设定两个或两个以上的课目。设定什么样的课目，就应当编写什么样的教材，教材必须跟课目相对应。听力教材和阅读材料应当有足够的分量，快速阅读训练应当受到更多的重视。

具体教学单位的情况千差万别，教学模式的设计要从实际出发。上面提出的只是一般性的建议，并不是主张整齐划一，更不是认为非此不可。

### 2. 关于教学方法

我们所说的教学方法，主要是指体现在教材和课堂教学中的具体方法。组合汉语教学的教学方法就体现在组合汉语教材和组合汉语课堂教学之中，是进行知识传授和技能训练的具体方法。因为是进行知识传授和技能训练的具体方法，所以对教学方法的要求不能脱离知识传授和技能训练的具体内容。组合汉语知识传授的内容包括汉字知识、词汇知识、语法知识、语音知识以及相关的文化知识，技能训练包括读、写、听、说等言语技能和相应的言语交际技能的训练。因此，组合汉语教学的教学方法就包括怎样教汉字、怎样教词汇、怎样教语法、怎样教语音、怎样教文化、怎样培养阅读和写作能力以及听话和说话的能力等。这里提出的一连串“怎样教”，我们将在后面讨论字法和字法教学、词法和词法教学、句法和句法教学时，择要进行讨论。不过，教学方法主要靠教师创造。在教材编写和课堂教学中采用什么样的具体方法，不但要由特定的教学内容来决定，而且要针对不同教学对象的特点。教学对象的特点包括年龄特征、学习目的、学习动力、学习习惯、学习风格、受教育程度和原有语言的特点等。所教语言的特点是固定的，教学对象的特点却具有多样性。只有既了解所教语言的特点，又了解教学对象的特点，才能发现学习者对一种言语现象的学习和习得规律，才能根据学习和习得规律创造和使用教学方法。教学对象千差万别，只有教师最了解自己的学生，也只有教师才能根据学生的特点和需要创造出合适的教学方法。所谓“教无定法”，说的就是这个道理。

# 第四讲　组合汉语语法

组合汉语对汉语语法的认识和解释，跟现在流行的语法著作对汉语语法的认识和解释有根本的区别。本讲讨论组合汉语语法，侧重于说明我们对汉语语法的认识和解释有什么特点。

## 一、组合汉语语法概述

### 1. 什么是语法

“语法”这个概念也是从西方语言学引进的，最初叫“葛朗玛”，是 grammar 的音译。中外语言学家对语法都有不同的解释，对语法的解释不同，语言教学的操作程序就不同。组合汉语给语法的定义是：**语法就是语言的生成规则。**

“语法”这个术语实际上有两个意思：一是指语言固有的生成规则，二是指对语言固有生成规则的研究成果。例如，我们可以说“汉语语法不同于英语语法”，这里所说的“汉语语法”和“英语语法”就是指汉语和英语固有的生成规则。语言固有的生成规则是客观存在，人们只能研究它，揭示它，却不能任意改变它。因此，可以把语言固有的生成规则叫做固有语法或客观语法。语言固有的生成规则要通过研究才能揭示出来，语法研究的成果，通常以著作或讲述的形式出现，这种以著作或讲述的形式出现的研究成果也叫语法，这样的语法代表研究者对语言固有生成规则的主观认识。因此，可以把这样的语法叫做著述语法或主观语法。《马氏文通》以来出版的大量的汉语语法著作，都属于著述语法。

### 2. 组合汉语语法

#### 2.1 什么是组合汉语语法

组合汉语语法是一种著述语法，是组合汉语理论的重要组成部分。组合汉语理论认为，汉语是组合型语言，汉语固有的生成规则就是组合生成规则，包括由“字”的生成元素到“字”的组合生成，由“字”到“词”的组合生成，由字词到句子的组合生成。我们把由“字”的生成元素到“字”的组合生成的规则叫做字法，把由“字”到“词”的组合生成的规则叫做词法，把由字词到句子的组合生成的规则叫做句法。组合汉语语法就包括字法、词法和句法。

2.2 组合汉语语法的主要特点

跟流行的著述语法相比，组合汉语语法有自己的特点。主要特点如下：

（1）字本位语法。字本位语法就是以字为基本语法单位的语法。“字”是汉语的基本结构单位和基本组合单位，自然也是汉语的基本语法单位。字本位语法区别于词本位语法。

（2）字法基础语法。字法基础语法就是以字法为基础的语法。汉语语法为什么要以字法为基础？因为汉语的词法系统和句法系统跟字法系统不但经脉相连，而且具有高度的一致性。所谓“经脉相连”，就是字义、词义和句义不可分离，字义是词义的基础，字义、词义是句义的基础；所谓具有高度的一致性，就是字、词、句的结构方式完全相同，都有基本结构和复合结构之分，复合结构又都有基本复合结构和多重复合结构之分，无论是基本结构，还是基本复合结构和多重复合结构，都体现“二合”机制。所有这些，都决定了要把字法研究作为词法研究和句法研究的基础。这就是以字法为基础。字法基础语法区别于句法中心语法。

（3）单轨制语法。单轨制语法区别于双轨制语法。所谓双轨制，就是包括相互之间有对应关系的词类和句子成分这两条线；所谓单轨制，就是只有“由字到词、由字词到句子的直接组合”这一条线；两条线就是双轨，一条线就是单轨。我们赞成单轨制的观念，不赞成把汉语看做“双轨制”语言，是因为在汉语研究和汉语教学中都不必强调词类和句子成分的对应关系。用词类和句子成分相对应的原理解释汉语，不但不能解释汉语的生成规则，而且还把简单的问题复杂化了。把汉语看做“双轨制”语言，是模仿英语语法的结果。因为是模仿英语语法的，所以就认为既然英语有“主、谓、宾、定、状、补”等句子成分，不同的句子成分要求有不同的词类与其相对应，汉语也必然有“主、谓、宾、定、状、补”等句子成分，这些句子成分也必然要求有不同的词类与其相对应。这就好比削足适履和画蛇添足。要寻找词类和句子成分的对应关系，就只能把不能担任句子成分的结构单位叫做“语素”，于是就出现了“词”和“语素”的界限难以划清的难题。这就是把简单的问题复杂化，也说明拿英语语法解释汉语语法是行不通的。英语的词有形态变化，可以而且必须用形态标记表示词类和句子成分的对应关系以及形式结构和语义结构的一致关系。例如，主语由名词或代词担任，动词谓语句的主语都是施动者，宾语都是受动者，不同的性、数、格和时体等都要用相应的词形变化来表示。所有这些，都是由英语的生成机制决定的。汉语的字、词都没有形态变化，可以用于直接组合，不必规定词类和句子成分的对应关系，因此也就不必划分句子成分。

组合汉语也划分字类和词类，不过组合汉语的字类和词类是对字词意义的分类。对字词的意义进行分类，是为了说明哪一类字词可以跟哪一类字词相组合，组合起来是什么意思，而不是为了说明哪一类字词可以担任什么句子成分、什么句子成分要由哪一类字词担任。

## 二、组合汉语的字类和词类

### 1. 字、词、短语、结构

在汉语语法研究中，词和词类问题还是一个尚待解决的问题。什么是词？为什么要划分词类？根据什么标准划分词类？词和语素以及词和词组、短语、结构的界限究竟在哪里？诸如此类的问题，都还处在“公说公有理、婆说婆有理”的阶段。

我们用组合的观念研究字、词、短语和结构，立足点是汉语的组合特点，出发点是使汉语的学习和教学化难为易。根据对汉语组合特点的认识，我们用字与词的区别代替语素与词、词与词组的区别；根据对汉语生成方式的认识，我们把汉语的词分为基本词和复合词两类，再把复合词分为基本复合词和多重复合词两类；把复合词中的固定格式叫做短语，以此圈定短语的范围；字数较多或结构比较复杂且不便归入短语的复合词就叫结构。例如：以名字、动字、静字为中心的复合词分别叫做名字结构、动字结构、静字结构；后面将要讨论的是非句、有无句、存在句的述体，分别叫做“是”字结构、“有”字结构、“在”字结构。“是”字结构、“有”字结构、“在”字结构也属于动字结构。这样，句以下的结构单位实际上只有字和词两级。“字”包括词本位所说的语素和单音节词，因此，在组合汉语中，就不再使用语素、单音节词的概念，当然也就不必再使用词组的概念。短语和结构都在词的范围之内，只不过是词的特殊形式。这样界定字、词、短语和结构看似过于简单，却能如实反映汉语的特点，也更便于汉语的学习和教学。为什么更便于汉语的学习和教学？因为汉字是最容易识别的结构单位，字与字之间有天然的界限，从字到词，从基本词到基本复合词再到多重复合词，层次鲜明，都有很强的具象性，都比较容易把握。这样，组合汉语语法中就不存在语素和词以及词和词组之间界限不清的纠结。

## 2. 字类和词类

流行的汉语语法研究只讲词类，不讲字类。按照什么标准划分词类，至今意见还不太统一，有的主张按照词的意义分类，有的主张按照词的语法功能分类，有的主张意义和功能兼顾。所谓兼顾，就是按照功能分类遇到问题就参照意义，按照意义分类遇到问题就参照功能。无论按照哪一种标准分类，要解释词类与句子成分的对应关系都会遇到困难。实际上，所谓词类问题，并不是词类本身的问题，而是词类跟句子成分的对应关系问题。

组合汉语语法是字本位语法，所以不但要划分词类，而且要划分字类。组合汉语的字类和词类，就是对字词意义的分类。汉语的组合都是意义的组合，只有对字词的意义进行分类，才能说明哪一类字词可以跟哪一类字词相组合，组合起来是什么意思。组合汉语语法是单轨制语法，单轨制语法不必划分句子成分，所以也不必考虑词类跟句子成分的对应关系。

### 2.1 字类

在汉语中，一般说来，凡“字”都代表一定的概念，表示一定的意义。因此，汉语可以根据字义划分字类。例如：有些字代表人或事物的名称，有些字代表数目，有些字代表人或其他生命体的动作、行为，有些字代表人或事物的性质、状况，有些字代表语法关系，有些字代表语气。根据不同的字义，我们把字分为名字、数字、量字、动字、静字、状字、连字、助字，共八类。举例说明如下：

（1）名字。代表人或事物名称的字叫名字。例如：人、物、日、月、年、书、笔、厂、店。指代人或事物名称的字也叫名字。例如：你、它、那、哪。

（2）数字。代表数目的字叫数字。例如：一、两、五、十、百、万、亿。

（3）量字。代表计数单位的字叫量字。例如：个（一个人）、本（一本书）、张（一张桌子）、次（看了一次）、趟（走了一趟）。

（4）动字。代表人或事物的动作、行为的字叫动字。例如：来、去、看、走、吃、穿、戴、打、丢、进、出。

表示是非、有无、存在、意愿等意思的字暂且也归入动字。例如：是、非、有、无、在、可、能、愿。

我们把一般语法书上所说的单音节“介词”也归入动字类。例如：在、当、从、自、向、把、被、以、对。

（5）静字。代表人或事物的性质的字叫静字。例如：好、大、小、多、少、白、蓝、高、低。

（6）状字。表示动作、行为、性质等的状况的字叫状字。例如：很、不、就、也、又、还、只、最、常。

（7）连字。用于表示并列、递进、转折、条件、假设、因果、选择等语法关系的字叫连字。例如：和、及、但、且、而、如、因、或。

（8）助字。用于表示语法关系或语气的字叫助字。例如：了、着、过、的（de）、地（de）、得（de）、么、吗、呢。

上述八类字中的每一类都可以分为若干小类，这里从略。

“字”是音义一体（音节）或形音义一体（汉字）的结构单位，是不可切分的整体。联绵字和音译外来词虽然包含两个或两个以上的音节和汉字，但它们都只能代表一个概念，也是不可切分的整体。因此，联绵字和音译外来词也是“字”，可以根据它们的意思分别归入不同的字类。例如：“玛瑙、妯娌、沙发、菲律宾”是名字，“徘徊”是动字，“伶俐、阑干、逍遥”是静字，“仿佛”是状字。

有些字的字音和字形相同，字义却不同。字音和字形相同而字义不同的字是多义字。有些多义字含有不同的义类，含有不同义类的多义字是兼类字。例如：

锁：“一把锁”的“锁”是名字，“锁门”的“锁”是动字。

学：“上学”的“学”是名字，“学汉语”的“学”是动字。

口：“人口”的“口”是名字，“一口人”的“口”是量字。

死：“死去”的“死”是动字，“死脑筋”的“死”是静字。

上面的“锁、学、口、死”都是兼类字。

2.2 词类

跟字类相对应，词也根据不同的意义分为八类。举例如下：

（1）名词：土地、城市、天安门广场、我们班的同学、上课的时候、五个农民工。

（2）数词：二十、三十五、八千、一九四九（1949）。

（3）量词：公里、海里、英寸、市斤。

（4）动词：吃饭、写字、喜欢、热爱、游泳、在家、去长城旅行、参观了一个食品厂。

（5）静词：相同、有名、美丽、热情、发达、先进、落后。
（6）状词：常常、一定、热情地。
（7）连词：因为、但是、例如、以及、及其、然而、或者。
（8）助词：以来、来着、着呢、罢了、而已。

有些词的词音和词形相同，词义却不同。词音和词形相同而词义不同的词是多义词。有些多义词也含有不同的义类，跟含有不同义类的多义字是兼类字一样，含有不同义类的多义词是兼类词。例如：

建设：“建设国家”的“建设”是动词，“国家建设”的“建设”是名词。
收获：“收获庄稼”的“收获”是动词，“收获很大”的“收获”是名词。
幻想：“幻想成名”的“幻想”是动词，“丢掉幻想”的“幻想”是名词。
狠心：“狠心离开”的“狠心”是动词，“狠心人”的“狠心”是静词，“下狠心”的“狠心”是名词。

上面的“建设、收获、幻想、狠心”都是兼类词。

兼类字词的出现很可能是字义和词义“增容”的结果。只要字义、词义不发生混淆，就可以利用原有的字词表示新的意思，不再创造新的字词。汉字中有一类叫假借字，兼类字词也可以解释为“假借”。无论解释为“增容”，还是解释为“假借”，都说明汉语的造字方法和造词方法具有一致性。

汉语的字类和词类虽然都是对字词意义的分类，但是毕竟要体现在组合关系之中，兼类字词当然也要体现在组合关系之中。兼类字词的字义和词义不发生混淆，就是因为组合有区分作用，能够把形音相同而意思不同的字词区别开来。如果遇到单个字词的字义、词义不容易鉴别的情况，只要放在组合之中，就可以通过组合关系加以鉴别。由此可见，组合关系是鉴别字类和词类的重要手段。根据字义和词义划分字类和词类，是为了说明哪一类字词可以跟哪一类字词相组合。哪一类字词可以跟哪一类字词相组合就是“意合”，因此，通过组合关系印证字类和词类是理所当然，这跟根据字义和词义划分字类和词类并不矛盾。

上述八类字词中的静字和静词相当于现在通行的语法书上所说的形容词，状字和状词相当于现在通行的语法书上所说的副词。“静、状”这两个术语来自《马氏文通》。我们认为，用静字（静词）代替形容词，用状字（状词）代替副词，更能体现按字义分类的原则。组合汉语把现在通行的语法书上所说的介词全部归入动字（动词）类，是因为我们认为，把介词归入动字（动词）类更符合汉语的特点，也有利于跟古代汉语语法相衔接。介词是对西方语法概念的套用，有削足适履的嫌疑。下面关于“为”字短语、“在”字短语、“对”字短语和“把”字短语的解释也许可以证明，把介词归入动字（动词）类更符合汉语的实际，更便于解释汉语的组合关系。

### 3. 短语例解

组合汉语把复合词中相对固定的格式叫做短语。在复合词中分列短语，是为了便于学习者成块记忆和使用这类固定格式。下面举几个例子说明什么是短语，希望这些例子对我们的华语教学有参考作用。

3.1 趋向短语

趋向短语是指表示行动趋向的短语，属于动补关系动词。

我们把“上、下、进、出、回、过”以及“来、去”等表示行动趋向的动字叫做“趋向动字”，“上、下、进、出、回、过”可以跟“来、去”相组合，生成表示行动趋向的“趋向动词”，趋向动词再跟意思相关的动字相组合，就成为“趋向短语”。表 8 表示由趋向动字到趋向动词再到趋向短语的生成方式和固定字序。

**表 8**

| 趋向动字 | 上 | | 下 | | 进 | | 出 | | 回 | | 过 | |
|---|---|---|---|---|---|---|---|---|---|---|---|---|
| 趋向动词 | 上来 | 上去 | 下来 | 下去 | 进来 | 进去 | 出来 | 出去 | 回来 | 回去 | 过来 | 过去 |
| 趋向短语 | 爬上来 | 爬上去 | 走下来 | 走下去 | 跑进来 | 跑进去 | 拿出来 | 拿出去 | 赶回来 | 赶回去 | 飞过来 | 飞过去 |

3.2“得”字短语

“得”字短语有多种格式，举例如下：

（1）“动得动”和“动不动”格式。“动得动”和“动不动”格式属于表示动补关系的动词。“动得动”格式的生成方式是“动字 + 得 + 动字”，其中的“得动”表示可能；“动不动”格式的生成方式是“动字+不+动字”，其中的“不动”表示不可能。例如：

① 看得见（能看见）　　看不见（不能看见）
② 拿得动（能拿动）　　拿不动（不能拿动）
③ 说得出来（能说出来）　说不出来（不能说出来）
④ 写得下来（能写下来）　写不下来（不能写下来）

（2）“动得静”和“动不静”格式。“动得静”和“动不静”格式也属于表示动补关系的动词。“动得静”格式的生成方式是“动字＋得＋静字”，其中的“得静”表示可能；“动不静”格式的生成方式是“动字＋不＋静字”，其中的“不静”表示不可能。例如：

① 写得好（能写好）　　写不好（不能写好）
② 长得高（能长高）　　长不高（不能长高）
③ 说得好（能说好）　　说不好（不能说好）

（3）“动得静”和“动得不静”格式。“动得静”和“动得不静”格式属于表示动结关系的动词。“动得静”格式的生成方式也是“动字＋得＋静字”，“动得不静”格式的生成方式是“动字＋得＋不＋静字”。其中的“得静”和“得不静”都表示结果，“得不静”是“得静”的否定式。例如：

① 写得好（“好”是写的结果）　写得不好（“不好”是写的结果）
② 长得高（“高”是长的结果）　长得不高（“不高”是长的结果）
③ 说得多（“多”是说的结果）　说得不多（“不多”是说的结果）
④ 走得快（“快”是走的结果）　走得不快（“不快”是走的结果）
⑤ 吃得很少（“很少”是吃的结果）
吃得不少（“不少”是吃的结果）
⑥ 打扫得很干净（“很干净”是打扫的结果）
打扫得不干净（“不干净”是打扫的结果）

上面的例子说明，“动得静”格式既可以表示可能，也可以表示结果。鉴别的方法是看否定式，表示可能的否定式是“动不静”，表示结果的否定式是“动得不静”。

（4）“静得动”、“静得很”、“静得多”格式。这几种格式属于表示静补关系的静词。静补关系是指静字与相关补充成分的组合关系。“静得动”格式的生成方式是“静字＋得＋动字结构”，“静得很”格式的生成方式是“静字＋得＋很”，“静得多”

格式的生成方式是"静字＋得＋多"，其中的"得动、得很、得多"都是表示所得结果的程度高。例如：

凶得怕人　亮得晃眼睛　累得喘不过气来　多得数都数不过来
伤心得把眼睛都哭红了
大得很（很大）　好得很（很好）　坏得很（很坏）　多得很（很多）
好得多　大得多　漂亮得多

"静得多"含有比较的意思，是表示"比谁（什么）"静得多。例如：

① 新品种（比旧品种）好得多。
② 他们家的房子（比我们家的）大得多。

组合汉语所说的"趋向动词"、"趋向短语"和"'得'字短语"，在流行的语法书上都属于"补语"范畴。"趋向动词"中后面的动字叫"简单趋向补语"，"趋向短语"中后面的趋向动词叫"复合趋向补语"；"'得'字短语"中动字后面的成分表示可能的叫可能补语，表示结果的叫结果补语，静字后面的成分叫程度补语。"补语"是第二语言学习者的一大难点，作为固定格式加强练习，也许能帮助学生在理解的基础上达到熟练掌握。我们不采用"补语"的说法，是因为"补语"是句子成分的概念。

3.3"在"字短语

"在"字短语属于表示连动关系的动词。连动关系是指由同一施动者发出两个或多个相关的连续动作的组合关系。"在"字短语的生成方式是"在＋名字＋动字"，意为"在哪儿做什么"。其中的"在"是"处在"的意思，后面的名字代表"处在"的处所。"在"和名字后面的动字代表同一施动者的动作行为。例如：

① 在家养病
② 在学校进修
③ 在农村调查
④ 在会上作报告
⑤ 在河里游泳

使用英语的第二语言学习者学习"在"字短语的难点不在语义，而在字序，例如习惯于把"在名"放在动字的后面，常说"我们上课在教室里"，"昨天看病在医院里”，等等，因此要作为固定格式加强练习，帮助学习者养成习惯，直至能够脱口而出。

在流行的语法书上，“在”被认为兼做动词和介词。“他在家”的“在”是动词，“他在家养病”的“在”是介词。但我们却看不出这两个“在”在字义上有什么区别。如果认为“在家”是修饰“养病”的，把“在家”解释为“介宾结构”做状语，也说不过去。“在家养病”至少可以回答“在家做什么”和“在哪儿养病”这两个问题，如果是回答“在家做什么”，怎么能说“在家”是状语呢？

3.4“为”字短语

“为”字短语也属于表示连动关系的动词，其生成方式是“为＋名字＋动字”，意为“为谁（什么）做什么”。“为”和名字后面的动字代表同一施动者的动作行为。例如：

① 为人民服务
② 为生活奔波
③ 为友谊干杯
④ 为朋友送行

“为”字短语的另一种固定格式是“为……而……”。例如：

① 为他而活着
② 为正义而战
③ 为发展经济而努力奋斗
④ 为发展华文教育而不辞劳苦

上述“为”字短语中的“为”，在流行的语法书上都属于介词。其实，这里的“为”都有“为了”的意思，要回答的问题是“为谁”或“为什么”。把“为了”和“为什么”的“为”说成“介词”，让人很难理解。“为人民服务、为他而活着、为正义而战”等要回答的问题是“为谁服务、为谁活着、为什么而战”等，把“为谁服务、为谁活着、为什么而战”等中的“为谁、为什么”说成状语，就更难理解。

3.5“对”字短语

“对”字短语有多种格式，举例说明如下：

（1）“对名动”格式。“对名动”格式也属于表示连动关系的动词，其生成方式是

“对＋名字＋动字”，意为“对谁（什么）做（什么）”，“对”和名字后面的动字也代表同一施动者的动作行为。例如：

① 对他说
② 对大家发火
③ 对民众说谎
④ 对别人不尊重
⑤ 对公众隐瞒真相
⑥ 对国人无法交代
⑦ 对股市不产生影响
⑧ 对促进就业的措施有不同的看法

（2）“对名静”格式。“对名静”格式属于表示主述关系的静词，其生成方式是“对＋名字＋静字”，意为“对谁（什么）怎么样”。中间的名字是“对”的对象，“对名”是主体，后面的静字是述体，说明名字所代表的人或事物受到什么待遇或影响。例如：

① 对朋友－很好
② 对你－不薄
③ 对用户－不方便
④ 对健康－有害
⑤ 对工作－不利

（3）“对动动”格式。“对动动”格式也属于表示主述关系的动词，其生成方式是“对＋动字＋动字结构”，意为“对做什么怎么样”。“对”后面的动字的作用相当于一个名字，与“对”构成主体。后面的动字结构是述体，其作用是表示对主体发挥什么作用或产生什么影响。例如：

① 对改变生态环境－能起很大的作用
② 对解决问题－有帮助
③ 对发展经济－没有好处
④ 对炒股－不感兴趣
⑤ 对人才成长－有害无益

（4）“对……来说”格式。这种固定格式属于表示定中关系的动动结构动词，其中的“对”是“针对、对于”的意思，后面的名字是“针对”的对象，“来说”不是施动者说，而是“有针对性地说”，后面要跟随“说”的具体内容。例如：

① 对现代人来说，七十岁不算高龄。

② 现在对我来说，这却不是一个理论问题。（季羡林，《牛棚杂忆》）

③ 对广大人民群众来说，生活当然是好的。（季羡林，《牛棚杂忆》）

3.6“把”字短语

“把”字短语属于主述关系动词，其生成方式是“把＋名字＋动字”。“把”字短语中的“把”字有“处置、对待、致使”等不同的意思，根据“把”字的不同意思，我们把“把”字短语分为处置式、对待式和致使式三种类型。这三种类型的“把”字短语，语义结构特点不完全相同。下面分别说明。

（1）处置式“把”字短语。处置式“把”字短语的语义结构特点是怎样处置某人或某物，以及处置的结果如何。“把”字后面的名字是“把”的对象，也是后面的动字动作的对象。名字后面是动结关系（动结关系是指动作与动作结果的组合关系）或动补关系动词，或状态动词（状态动词即由动字与“了、着、过”等状态助字组成的动词），都包含结果义，此结果就是对“把”的对象进行处置的结果。例如：

① 把桌子–搬走（“桌子”是“把”的对象，也是“搬”的对象。“搬走”是动结关系动词，“走”是“搬”的结果，表示离开）

② 把饺子–吃完（“饺子”是“把”的对象，也是“吃”的对象。“吃完”是动结关系动词，“完”是“吃”的结果，表示不再剩下）

③ 把老命–搭上（“老命”是“把”的对象，也是“搭”的对象。“搭上”是动结关系动词，“上”表示随“搭”而去）

④ 把钱–存在银行里（“钱”是“把”的对象，也是“存”的对象。“存在银行里”是动结关系动词，“在银行里”是存的结果，表示“钱”的位置的变化）

⑤ 把绿队–打败了（“绿队”是“把”的对象，也是“打”的对象。“打败了”是动结关系状态动词，“败了”是“打”的结果）

⑥ 把院子–打扫得很干净（“院子”是“把”的对象，也是“打扫”的对象，“打扫得很干净”是动结关系“得”字短语，“很干净”

是“打扫”的结果）

⑦ 把他－除名（“他”是“把”的对象，也是“除”的对象。这里的“除”是“除去”的意思，“除”的结果是名额不再保留，“除名”也包含结果义）

⑧ 把小偷－关起来（“小偷”是“把”的对象，也是“关”的对象。“起来”是个多义动词，其词义跟它前面的动字的字义有关。“关起来”表示由开放到封闭的过程，“起来”代表封闭，是“关”的结果）

（2）对待式“把”字短语。对待式“把”字短语的语义结构特点是如何对待某人或某物，以及产生了什么结果。“把”字后面的名字是“把”的对象，也是后面的动词动作的对象或施动者。名字后面也是动结或动补关系动词，或状态动词，都包含结果义，此结果也是名字后面的动字动作的结果。例如：

① 把他－选为村委会主任（“他”是“把”的对象，也是“选”的对象。“选为村委会主任”是动结关系动词，“为村委会主任”是“选”的结果）

② 把我－哄得团团转（“我”是“把”的对象，也是“哄”的对象。“哄得团团转”是动结关系“得”字短语，“团团转”是“哄”的结果）

③ 把老朋友－忘了（“老朋友”是“把”的对象，也是“忘”的对象，“忘了”的“了”含有结果义，是“忘”的结果）

④ 把你－恨透了（“你”是“把”的对象，也是“恨”的对象。“恨透了”是动补关系状态动词，“透了”表示“恨”的程度高，也是“恨”的结果）

⑤ 把他－气死了（“他”是“把”的对象，是“气”的施动者。“气死了”是动补关系状态动词，“死了”表示“气”的程度高，也是“气”的结果）

⑥ 把人－不当人（“人”是“把”的对象，也是“当”的对象。“不当人”是一种特殊用法，意为“不当做人”，“当做人”是动结关系动词）

（3）致使式“把”字短语。致使式“把”字短语的语义结构特点是导致某人或某物产生了什么结果。“把”字后面的名字是“把”的对象，是后面的动词动作的对象，或施动者，或相关者。名字后面也是动结或动补关系动词，或状态动词，也都包含结果义，此结果也是名字后面的动字动作的结果。例如：

①把钱包–丢了（“钱包”是“把”的对象，也是“丢”的对象。“丢了”是状态动词，包含结果义）

②不能把我们—吓倒（“我们”是“把”的对象，也是“吓”的对象。“吓倒”是动结关系动词，“倒”是“吓”的结果）

③把衣服–弄脏了（“衣服”是“把”的对象，也是“弄”的对象，“弄脏了”是动结关系状态动词，“脏了”是“弄”的结果）

④把我–心疼死了（“我”是“把”的对象，是“心疼”的施动者，“心疼死了”是动补关系状态动词，“死了”表示“心疼”的程度高）

⑤把肚子–笑疼了（“肚子”是“把”的对象，但不是“笑”的对象，也不是“笑”的施动者，只是因“笑”而“疼”，是受“笑”影响的相关者。“笑疼了”是动结关系状态动词，“疼了”是“笑”的结果）

⑥把眼睛–哭红了（“眼睛”是“把”的对象，但不是“哭”的对象，也不是“哭”的施动者，只是因“哭”而“红”，是受“哭”影响的相关者。“哭红了”是动结关系状态动词，“红了”是“哭”的结果）

上述三类“把”字短语都包含双重主述结构：“把名”是主体，“把名”后面的成分是述体；“把”字后面的成分也是主述结构，其中的名字是主体，后面的动词是述体。

“把”字短语可以担任“把”字句的述体。“把”字句本身是主述结构，担任述体的“把”字短语包含双重主述结构，所以“把”字句就包含三重主述结构。例如：

①红队｜把绿队–打败了。

②大家｜把他–选为村长。

③马太太｜把钱包–丢了。

“把”字句是多数第二语言学习者的最大难点之一，难就难在作为述体的“把”字结构的语义关系比较复杂。只要把作为述体的“把”字结构的语义关系弄清楚了，“把”字句就不难理解了。

上面列举的六种短语，汉语（二语）学习者一般不太容易掌握，在汉语（二语）教学中要格外重视。

## 三、汉语的象态范畴和状态表示法

### 1. 什么是象态范畴

“象态范畴”是一个全新的概念，需要专门解释。

（1）现象和状态。我们认为，语言是人脑（人的心智）对世界万物的反映。世界由万物组成，物与物之间都按照一定的方式互相联系，发生种种关系。反映到人脑（人的心智）中，世界万物以及物与物之间的联系和关系就成为现象[①]。所有的现象都处于一定的状态，语言反映世界万物，既要反映现象本身，也要反映现象所处的状态。组合汉语所说的“状态”，就是语言对“现象”所处状态的反映。例如：“吃”是一种现象，“吃了、吃着、吃过”就是“吃”的状态；“漂亮”也是一种现象，“漂亮了、漂亮过”就是“漂亮”的状态。这就是汉语对现象以及现象所处状态的反映。

为了研究和解释汉语语法，我们就用“象”和“态”分别代表现象和现象所处的状态。这样，“象”和“态”就成了两个语法概念，“象态范畴”就是“象”和“态”这两个语法概念的统称。

（2）动态和静态。现象有动有静，所以“象”有“动象”和“静象”之分。因为“象”有“动象”和“静象”之分，所以“态”也有“动态”和“静态”之分。动象所处的状态就是“动态”，静象所处的状态就是“静态”。在汉语中，动态用状态动词表示，静态用状态静词表示。上面例子中的“吃了、吃着、吃过”是状态动词，“漂亮了、漂亮过”是状态静词。

（3）状态助字。现象所处的状态也是现象，不过上面的例子告诉我们，代表现

① 详见吕必松，《汉语和汉语作为第二语言教学》，北京大学出版社，2007，第 43 ~ 44 页。

象的字和代表状态的字性质不同：前者表示现象义，后者表示语法义。上面例子中的“了、着、过”是专门表示语法义的，它们只做语法标记。表示现象义的字都有实在的意义，所以叫做“实字”；表示语法义的字没有实在的意义，所以叫做“虚字”。“了、着、过”用于表示状态时就是“状态虚字”。组合汉语把虚字归入助字类，所以“状态虚字”就是“状态助字”，就是代表状态的语法标记。

## 2. 状态表示法例解

汉语有几种“态”，需要进一步研究。下面先介绍必须用状态助字做语法标记的四种态，我们把这四种态分别叫做发生态、变化态、保持态和经历态。“发生、变化、保持、经历”就代表现象所处状态的过程和阶段，反映了汉语使用者对现象所处状态的过程性和阶段性的认识。下面分别讨论这四种“态”的作用和表示方法。

### 2.1 发生态

发生态的作用是肯定动作或事件的发生。我们把肯定动作发生的叫动作发生态，把肯定事件发生的叫事件发生态。动作发生态和事件发生态的表示方法不完全相同。

#### 2.1.1 动作发生态

动作发生态用“动 + 了”表示。“动了”是由动字和状态助字“了”组成的状态动词，“了”是动作发生态的语法标记。例如：

① 我来了。

② 钱包丢了。

③ 我们今天学了 20 个汉字。

④ 他昨天买了很多水果。

⑤ 我明天下了课就回家。

#### 2.1.2 事件发生态

事件发生态的表示方法是在句尾加状态助字“了”。“了”既是动作发生态的语法标记，也是事件发生态的语法标记。例如：

① 他们去饭店吃饭了。

② 他学会开车了。

③ 这本书我看了三天了。

④ 他昨天买了很多水果了。

⑤ 我们今天学了 20 个汉字了。

⑥ 他休息了两天了。

一个句子如果既要表示动作的发生，又要表示事件的发生（如上面的例③～例⑥，在不需要特别强调动作确已发生的情况下，前面的“了”在口语中有时可以吞去。如果要特别强调动作确已发生，动字就要重读，“了”也不能吞去。

发生态的作用既然是肯定动作或事件确已发生，所肯定的必然是已经发生或者假设已经发生的动作或事件，没有发生的动作和事件自然不能用发生态。前面的例子“我明天下了课就回家”说的是“我明天回家”，“下了课”是限定“就回家”的，是表示假定已经发生。

汉语发生态的特点很容易让人觉得发生态就相当于英语的“过去时”或“完成时”。其实，发生态跟动作或事件发生的具体时间以及动作是否完成没有直接的关系。汉语中动作和事件发生的时间一般用时间字词表示，表示完成往往用“完”表示，所以不能用“过去时”或“完成时”解释发生态。对第二语言学习者还要特别说明，并非凡已发生的动作或事件都要用发生态。对已经发生的动作或事件如果只是进行一般性叙述，而不是为了肯定动作或事件确已发生，就不用发生态。例如：

① 我国古典的诗文评很重视语音协调。（吕叔湘，《汉语研究工作者的当前任务》）

② 她年轻的时候最爱打扮。

③ 公司昨天开了一整天的会，上午开经理会，下午开职工会，晚上开联欢会。

④ 他昨天一下班就去参加朋友的婚礼，婚礼结束后才回家。

上面的例子说明，发生态不同于英语的“过去时”或“完成时”，不能把英语的“过去时”或“完成时”套用到汉语上来。第二语言学习者出现滥用“了”的现象，就是因为把“了”看成了“过去时”或“完成时”的语法标记。

2.1.3 发生态的否定式

发生态的否定式用“没＋动”或“没有＋动”表示。“没动”多半用于口语，“没有动”多半用于书面语。例如：

① 他没（有）来。

② 钱包没（有）丢。

③ 他们没（有）去饭店吃饭。

④ 他没（有）学会开车。

⑤ 他没（有）在上海住三年。

⑥ 我们今天没（有）学 20 个汉字。

⑦ 他昨天没（有）买很多水果。

“了”是发生态的语法标记，发生态的否定式就是未发生，未发生就不能用“了”。

2.2 变化态

2.2.1 变化态的作用和表示法

变化态的作用是表示情况发生了变化，表示的方法也是在句尾加“了”。“了”也是变化态的语法标记。例如：

① 王先生十年以前就是教授了。

② 这些孩子明年就是大学生了。

③ 今年住校的学生多了。

④ 这里的风景更美了。

⑤ 弟弟比哥哥高了。

2.2.2 变化态的否定式

变化态的否定式是在要否定的字词前面加“不”，句尾仍然用“了”。例如：

① 他今天不来了。

② 他家不在农村了。

③ 公司今天不开会了。

④ 她不是你妻子了。

如果动字是“有”，否定式只能用“没”或“没有”。例如：

① 家里有钱了。

② 家里没（有）钱了。

变化态的否定式也是一种变化，即由肯定到否定的变化，所以仍然要用“了”做语法标记。

“变化”是指情况发生了变化，“发生”则暗含从“未发生”到“发生”的过程，这也是“变化”。可见变化态与发生态在语义上有相通之处：变化包含发生，发生也包含变化。因为两者有相通之处，所以都用“了”表示。

因为“发生”暗含从“未发生”到“发生”的过程，所以“发生”就是“变化”的结果。这说明，用于表示动作发生态的状态动词“动了”实际上包含结果义，“了”代表结果。变化态的“了”也代表结果。

2.2.3 发生态和变化态的鉴别

事件发生态和变化态的语法标记“了”都在句尾，动作发生态的语法标记“了”有时也在句尾（例如：“我来了”、“钱包丢了”），这就有一个如何鉴别发生态和变化态的问题。鉴别的主要方法是看否定式。发生态用“没”否定，否定式不再用“了”；变化态用“不”否定，否定式仍要用“了”。试比较：

① 他吃了。（不必再吃）
　他没吃。（要吃）
② 他吃了。（原来不想吃）
　他不吃了。（原来想吃）
③ 他走了。（他不在这里）
　他没走。（他还在这里）
④ 他走了。（原来打算不走）
　他不走了。（原来打算走）
⑤ 公司上市了。（已经上市）
　公司没上市。（没有上市）
⑥ 公司上市了。（原来不打算上市）
　公司不上市了。（原来打算上市）

“有无”不存在是否发生的问题，所以没有发生态，不会与发生态混淆。“有了、没有了”是变化态。

2.3 保持态

2.3.1 保持态的作用和表示法

保持态的作用是描写现象处于保持状态，说明现象的性质、特点、样子等保持原状。保持态用“动+着”表示，“动着”是由动字和状态助字“着”组成的状态动词，“着”是保持态的语法标记。保持态有以下语义特点：

（1）表示施动者的动作处于保持状态。例如：

① 你等着。（你等，“等”处于保持状态）
② 他们在门口站着。（他们站，“站”处于保持状态）
③ 她忙着倒茶。（她忙，“忙”处于保持状态）
④ 照着我的话做。（“照”[按照]处于保持状态）
⑤ 台上坐着主席团。（主席团坐，“坐”处于保持状态）
⑥ 他微笑着跟所有的人打招呼。（他微笑，“微笑”处于保持状态）
⑦ 她对着镜子做鬼脸。（她对镜子，“对镜子”处于保持状态）
⑧ 小狗摇着尾巴跑了。（小狗摇尾巴，“摇尾巴”处于保持状态）

（2）表示受动者保持受动状态。例如：

① 门锁着。（门被锁，“被锁”处于保持状态）
② 教室的窗户关着。（教室的窗户被关，“被关”处于保持状态）
③ 钱都在银行里存着。（钱被存，“被存”处于保持状态）

（3）表示动作的结果处于保持状态。例如：

① 书在桌子上放着。（放书，“放”的结果是“书在桌子上”，“书在桌子上”处于保持状态）
② 黑板上写着字。（写字，“写”的结果是“字在黑板上”，“字在黑板上”处于保持状态）
③ 墙上挂着一张画儿。（挂画儿，“挂”的结果是“画儿在墙上”，“画儿在墙上”处于保持状态）

2.3.2 保持态的否定式

保持态的否定式通常是在动字前用“没”或“没有”，动字后仍然用“着”。例如：

① 门没锁着。

② 教室的窗户没关着。

③ 他们没在门口站着。

④ 书没在桌子上放着。

上面的各种例子都说明，“保持”不是动作的“进行”，汉语的保持态跟英语的“进行时”没有共同点。

2.4 经历态

2.4.1 经历态的作用和表示法

经历态的作用是表明有过某种经历，获得了某种经验，用“动＋过”、“静＋过”表示。“动过”、“静过”是由动字和静字跟状态助字“过”组成的状态动词和状态静词，“过”是经历态的语法标记。例如：

① 他们有过儿子。（他们现在没有儿子了）

② 张教授写过几本书。（他有著作才成为教授）

③ 这些人都学过英语。（他们对英语和英语学习有一定的了解）

④ 他们都去过长城。（可以不再去）

⑤ 那些老人每天吃过晚饭都出去散步。（饭后出去散步）

⑥ 他们也曾为此事高兴过。（有为此事高兴的经历）

⑦ 他年轻的时候也风流过。（有风流的经历）

2.4.2 经历态的否定式

经历态的否定式是在动字或静字的前面加表示否定的字词，如“没（有）”、“不曾”、“从未”等，动字的后面仍需用“过”。例如：

① 这个班的学生都没去过马老师家。

② 他们不曾有过儿子。

③ 这类事从未发生过。

④ 他在工作上从未积极过。

经历态跟动作发生的时间和是否完成也没有直接的关系，因此也不同于英语的“过去时”或“完成时”。

3. 状态表示法跟字义的关系

状态表示法跟状态助字的字义密切相关，对动字和时间字词有选择性。举例说明如下：

（1）状态助字由表示现象义的“实字”发展而来，所表示的语法义跟实字的字义仍有一定的联系。例如，“了”（le）由“了”（liǎo）发展而来，“了”（liǎo）有“了结”的意思。“发生”和“变化”都是发展的结果，含有结果义，所以可以用“了”（le）表示。“着”（zhe）由“着”（zhuó）发展而来，“着”（zhuó）有“黏着”的意思，所以“着”（zhe）可以表示“保持”；“过”有“过往”的意思，所以可以表示“经历”。

（2）状态动词的构成对动字有选择性。并不是所有的动字都可以跟状态助字组成状态动词。例如：“来、去、回”等趋向动字和由它们组成的趋向动词、趋向短语等所表示的动作都属于“即时”动作，通常不存在“保持”的问题，所以一般不能跟“着”组成状态动词。又如：表示是非义的“是”和表示处在义的“在”通常只用于叙述客观事实，不涉及是否发生、保持和经历的问题，所以表示是非义的“是”和表示处在义的“在”一般不能跟状态助字构成表示发生、保持和经历的状态动词，“是非句”和“存在句”只有变化态，没有发生态、保持态和经历态。“在”除了具有“处在”义以外，还具有“存在”义，表示“存在”义时通常要用“存在”。“存在”可以与状态助字构成状态动词。“有了”是表示从“没有”到“有”的变化，只能用“没”否定，不能用“不”否定，可见“有了”是变化态，不是发生态。因此，“有无句”也没有发生态。

（3）发生态和变化态对时间字词有选择性。汉语的“状态”可以用时间字词加以限定，但对时间字词有选择性。选择的标准是时间概念要和状态概念保持一致。例如：发生态和变化态的出现具有即时性，因此不能用具有经常义和重复义的时间字词加以限定。试比较：

① 我们今天学了 20 个汉字。
※ 我们经常学了 20 个汉字。
② 他昨天买了很多水果。
※ 他每天买了很多水果。
③ 他上周买了很多水果了。

※ 他总是买了很多水果了。

④ 这里的风景更美了。

※ 这里的风景常常更美了。

⑤ 弟弟比哥哥高了。

※ 弟弟天天比哥哥高了。

⑥ 我明天下了课就回家。

我每天下了课就回家。

※ 我昨天下了课就回家。

在上面的例子中，带 ※ 的句子不能成立。这些句子不能成立，是因为例①～例⑤中的“经常、总是、常常”是具有经常义的时间词，“每天、天天”是具有重复义的时间词。具有经常义和重复义的时间字词不能用于限定具有即时性特点的发生态和变化态。例⑥中的“我昨天下了课就回家”不能成立，是因为此句已用时间词“昨天”表明这件事确已发生，所以必须用事件发生态，应改为“我昨天下了课就回家了”。例⑥中的“我每天下了课就回家”可以成立，是因为“每天”是限定“下了课就回家”的，不是限定“下了课”的。

状态表示法跟字义、词义密切相关这一事实进一步证明，汉语的组合就是意义的组合，字义和基于字义的词义在组合中起着关键性的作用。

# 第五讲　字法和字法教学

一、汉字的性质、特点和作用

二、汉字的造字原则

三、汉字的字形结构

四、汉字的部件

五、汉字教学系统

从本讲开始，我们将分别讨论字法和字法教学、词法和词法教学、句法和句法教学，这些也就是组合汉语的语法和语法教学。

组合汉语语法是字法基础语法，字法和字法教学不但是语法和语法教学的组成部分，而且是语法和语法教学的基础。

本讲讨论字法和字法教学，就是讨论汉字和汉字教学。“字”包括汉语音节和汉字，为什么只讨论汉字和汉字教学，而不讨论音节和音节教学？这是因为汉字跟汉语音节有包容关系，所以在讲语法的时候，可以用汉字代表“字”。

我们的研究发现，汉字本是容易学的文字。只是因为我们没有按照汉字的性质、特点和规律进行汉字教学，才让人觉得汉字难学。没有按照汉字的性质、特点和规律进行汉字教学，就包括没有正确体现汉字与汉语的关系，没有向学生提供汉字组合生成的规则。在第二语言学习者的眼中，汉字都像图画，写汉字就像画图。把汉字看成图画，自然觉得难学。本讲讨论汉字和汉字教学，就是讨论汉字的性质、特点和规律，在此基础上，再讨论怎样按照汉字的性质、特点和规律进行汉字教学。按照汉字的性质、特点和规律进行汉字教学，就是按照汉字的本来面貌建立起科学的汉字教学系统，帮助学生认识和掌握汉字组合生成的规则。只有这样，才能使汉字成为容易学的文字。

## 一、汉字的性质、特点和作用

我们赞成字本位汉语观，并根据字本位汉语观研究组合汉语和组合汉语教学，就是基于对汉字的性质、特点和作用的认识。只有全面了解汉字的性质、特点和作用，才能真正理解组合汉语和组合汉语教学。

### 1. 汉字是整体转写言语音节的文字

（1）言语音节和语言音节。我们把汉语的音节分为言语音节和语言音节两类。言语音节就是话语中的音节，具有表音和表义的双重作用。表音作用体现为在听觉上是一个响峰，可以用声学原理对其中的语音成分加以分析；表义作用体现为可以听出它的意思，可以用相应的汉字加以转写。因为具有表音和表义的双重作用，所以言语音节是可以感知的最小的音义单位。语言是对言语的抽象，与此相一致，语言音节是对言语音节的抽象。我们说汉语有 1333 个音节，这 1333 个音节就是对言语音节的抽象，都属于语言音节。语言音节对言语音节的抽象只提取语音成分，把言语音节的意思隐含了起来，所以只能表音，不能表义，是单纯的语音单位。

表 9 可以说明言语音节和语言音节的联系与区别：

**表 9**

| 言语音节（音义单位） | 语言音节（语音单位） |
| --- | --- |
| （hàn）yǔ 语 | yǔ |
| （xià）yǔ 雨 | |
| xià（yǔ） 下 | xià |
| xià（tiān）夏 | |

在表 9 中，hànyǔ 和 xiàyǔ 都是两个音节，其中的 yǔ 是同一个音节；xiàyǔ 和 xiàtiān 也都是两个音节，其中的 xià 是同一个音节。我们都知道，要把 hànyǔ 的 yǔ 写成“语”，要把 xiàyǔ 的 yǔ 写成“雨”；也都知道，要把 xiàyǔ 的 xià 写成“下”，要把 xiàtiān 的 xià 写成“夏”。这是因为这里的 yǔ 和 xià 都处在言语之中，是既表音也表义的言语音节，所以知道应该用什么汉字转写。如果单说 yǔ，或者单说 xià，我们就不知道说的是什么 yǔ、什么 xià，因此也不知道要用什么汉字转写。这是因为单说的yǔ和单说的xià是从言语音节中抽象出来的，只提取了语音成分，所以是只表音、不表义的语言音节。

（2）整体转写言语音节。“整体转写言语音节”就是对言语音节加以整体转写，而不是转写小于言语音节的语音成分。文字的主要作用是转写口头语言。汉字转写口头汉语，是以言语音节为转写对象，对言语音节加以整体转写的。例如：

yǐ rén wéi běn
以 人 为 本
hé xié shè huì
和 谐 社 会
kē xué fā zhǎn
科 学 发 展

因为汉字对言语音节的转写是整体转写，所以含有所转写的言语音节所赋予的音和义，成为形音义统一体。汉字跟言语音节之所以既有对应关系，又有包容关系，就是因为它是整体转写言语音节的文字。

### 2. 汉字是书面汉语的基本组合单位

写汉语至少要写一个汉字。小于汉字的符号不能成为书面汉语的组合单位，大于汉字的单位都是由汉字组合生成的，所以汉字是书面汉语的基本组合单位。例如：

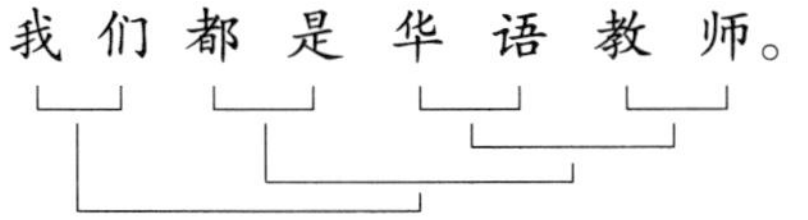


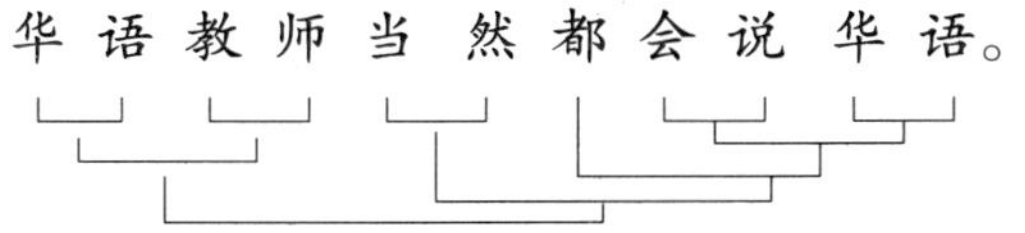


### 3. 汉字是书面汉语的基本认知单位

书面汉语的识别首先是对汉字的识别，对汉字的识别有以下特点：

（1）汉字是书面汉语语义识别的基本单位。例如：

① 中国人　　② 外国人

③ 有问题　　④ 没问题

⑤ 吃三碗　　⑥ 吃了三碗

例①和例②的语义区别就在于例①的“中”和例②的“外”不同，例③和例④的语义区别就在于例③的“有”与例④的“没”不同，例⑤和例⑥的语义区别就在于例⑥多了一个“了”字。以上各例的区别都是由汉字表示出来的，这就足以说明汉字是语义识别的基本单位。

（2）汉字的余缺或误用会造成阅读障碍。文本中如果多写、漏写、错写一个汉字，读者就无法理解或产生误解，或能发现错误所在。例如：

① 有朋友人

② 学习汉

③ 向钱（前）看

④ 下语了

例①“有朋友人”不通，“人”字是多余的。例②“学习汉”谁也看不懂，因为“学习”与“汉”的组合语义不明。但可以看出一定有遗漏，至于漏写了什么，如果没有上下文的支持，也难以猜到。例③中的“钱”和“前”意思不同，如果把“向前看”写成“向钱看”，就会引起误解。例④中的“语”字，一眼就能看出是个别字。这些例子也足以说明，汉字是语义识别的基本单位。

（3）儿童的阅读发展跟对汉字的识别有关。有研究表明，儿童阅读发展的头两个阶段是“点读”和“口读”。“点读”就是用手指一个字一个字地点着读；“口读”就是读出声音来，也是一个字一个字地读，不是读给别人听，而是读给自己听。[①]无论是“点读”还是“口读”，都表现为把汉字作为识读的基本单位。把汉字作为识读的基本单位，就说明汉字是语义识别的基本单位。

上面的例子都说明，汉字是书面汉语语义识别的基本单位，语义识别的基本单位就是基本认知单位。

前面说过，汉字是书面汉语的基本结构单位和基本语法单位，这里又进一步说明，汉字也是书面汉语的基本组合单位和基本认知单位。由此可见，书面汉语的基本结构单位、基本语法单位、基本组合单位和基本认知单位是完全一致的。这种一致性告诉我们，要按照汉语和汉字的特点和规律进行汉语教学，就必须把汉字作为基本教学单位。

## 二、汉字的造字原则

我们把汉字的造字原则概括为三条：形音义的科学统一，区别性和节约性的科学统一，与口头汉语的科学匹配。下面分别说明。

### 1. 形音义的科学统一

有一种颇为流行的说法：拼音文字是表音文字，汉字是表义文字。好像是说：拼音文字只表音、不表义，汉字只表义、不表音。其实不然。每一种语言的文字都有一定的形体结构，也都有一定的表音和表义的方法。从这个意义上说，每一种文

---

① 佟乐泉、张一清，儿童语言学习若干问题研究，《世界汉语教学》，1993年第2期。

字都有表音功能，也都有表义功能。一种文字如果没有表音功能，就无法读出它的声音来；如果没有表义功能，就不能通过字形（词形）识别字义（词义）。具有表音和表义功能是不同文字的共性，只是不同的文字往往用不同的方法，也就是用不同的形体结构表音和表义。形体结构不同，就意味着表音和表义的方法不同，这样就形成了不同文字的个性特点。汉字字形的结构单位有笔画、部件和整字；整字由笔画与笔画组合生成，或者由笔画与部件、部件与部件组合生成；组成整字的笔画和部件基本上都按上下、左右、内外的位置排列。这样的字形特点就是汉字表义和表音以及形音义统一的物质基础。

1.1 汉字表义和表音方法的主要特点

汉字表义和表音方法的主要特点是义符表义和音符表音的统一。古人把汉字分为六类，叫做“六书”。“六书”包括象形、指事、会意、形声、假借和转注。假借字不是新造的汉字，而是借用原有的汉字表示新义。例如：“六”本来是“庐”的意思，后来借用来代表数目字“六”，数目字“六”就是假借字。转注字也不是新造的汉字，而是可以用来互相解释字义的汉字，例如，《说文解字》用“老”解释“考”，用“考”解释“老”，“老、考”可以互相释义，就是“转注”字。其他四类汉字（包括假借字和转注字的本字）都体现了义符表义和音符表音相统一的造字原则。分述如下：

（1）象形字。在最早的汉字中，有一类是用线条描画出来的人和事物的形状，用人和事物的形状代表字义。后来人们就把这类汉字叫做象形字。象形字就是用象形符号表义的汉字。例如，“人”是用线条描画出来的“人”的形状，“马”是用线条描画出来的“马”的形状，“木”是用线条描画出来的树的形状，“日、月”是用线条描画出来的太阳和月亮的形状。“人、马、木、日、月”就叫象形字。象形字在发展过程中，线条逐渐演变为笔画和笔画组合，字形也就发生了不同程度的变化，但是仍然保留着大致的轮廓。我们可以通过对字形的联想识别字义并帮助记忆。象形字都是独立表音的，独立表音就是一字一音，一字一音就是音义合一。

（2）指事字。在最早的汉字中，还有一类是用线条描画出来的人和事物特点的形状，用人和事物特点的形状代表字义。后来人们就把这类汉字叫做指事字。例如，“一、二、三”是用横线的数量表示数目，“上、下”是分别在横线的上面和下面添加符号指示方位。“一、二、三”和“上、下”都是描画事物特点的象形符号。又如，在象形字“木”（树）的下部添加一个符号就成为“本”，代表树根。为什么在“木”

（树）的下部添加一个符号就代表树根？因为树根的特点之一是位置在树的下部。这就是用事物特点的形状代表字义。跟象形字一样，指事字的线条也逐渐演变为笔画和笔画组合，字形也随着发生了不同程度的变化。指事字要通过对字形的解析才能理解字义，形体变化较大的指事字还要追溯原形才能帮助理解和记忆。指事字也是一字一音即音义合一的汉字。

象形字和指事字都是利用相似性原理进行画形表义的汉字。象形字与它们所代表的人和事物本身的形状相似，指事字与它们所代表的人和事物特点的形状相似。因此，也可以把象形字和指事字的字义叫做相似义。

（3）会意字。会意字是由象形符号与象形符号组合生成的汉字，用象形符号与象形符号的组合表示字义。例如，“从”由两个“人”组成，“人”是象形符号。两个“人”一前一后，就代表“跟从”。“多”由两个“夕”组成，“夕”的古字同“月”，也是象形符号。“多”代表两个月亮，意为多出了一个。“活”由“氵”（氵＝水）和“舌”组成，“氵”和“舌”都是象形符号：“氵”是“水波”的形状，“舌”是舌头的形状。用这两个象形符号组成的“活”是表示“舌上有水”，用“舌上有水”代表存活。“话”由“讠”（讠＝言）和“舌”组成，“言”也是象形符号，是用舌头发音的形状。因为说话要用舌头，所以就用“舌”和“讠”的组合代表说话。会意字也是独立表音即音义合一的汉字。

（4）形声字。大多数汉字是形声字。形声字由义符和音符组合生成，义符代表义类，音符代表音类。形声字的义符和音符也是象形符号，例如，“功、攻”中的“力、攵”是义符，“工”是音符；“铜、桐”中的“钅（钅＝金）、木”是义符，“同”是音符。有些形声字也是会意字。例如，“富”由“宀”和“畐”组成，“宀”代表房子，是义符，“畐”（fú）代表读音，是音符。“畐”的古字像装满实物的瓶子，意为充盈，“富”即房内充盈。用房内充盈代表富有，所以“富”也是会意字。“躬”由“身”和“弓”组成，“身”是义符，“弓”是音符。“躬”有“把身躯弯成弓形”的意思，所以也是会意字。“富、躬”都是会意兼形声字。

会意字和形声字的组合单位都是象形符号，可见它们的表义方法都是用象形符号组合表义。因此，也可以把会意字和形声字的字义叫做组合义。

会意字是义符与义符的组合，形声字是义符与音符的组合，会意兼形声字既是义符与义符的组合，也是义符与音符的组合。无论是义符与义符的组合，还是义符与音符的组合，其组合规则都是“二合”，体现了义符表义和音符表音的统一。就音、义关系而言，象形字、指事字、会意字既是义符，也是音符，其音义结构是“0+1=1”。

象形字和指事字数量不多，但是多半都可以用于组合，生成会意字和形声字。也就是说，会意字和形声字多半是由象形字或指事字（以及它们的变体）组合生成的。因此，在象形字和指事字的基础上学习会意字和形声字会更加容易。

用象形符号表义，或用象形符号与象形符号组合表义，都是直接表义，这是汉字跟拼音文字的重要区别之一。拼音文字是记音表义，由音生义；汉字是画形表义，由形生义。由音生义不能见其形而知其义，所以是间接表义；由形生义可以见其形而知其义，所以是直接表义。直接表义就是直接反映客观世界，具有便于理解和记忆、能够快速反映的优势。例如，看到带“艹”的汉字，就知道其意思多半跟花草和蔬菜有关；看到带“木”的汉字，就知道其意思多半跟树木或木制品有关；看到带“氵”的汉字，就知道其意思多半与水或其他液体有关；……。有大量的汉字即使不知道它们的读音，也可以根据字形猜到它们的大意，结合上下文猜测字义，把握性更大。不需要或者不必单纯依靠语音转换就能理解字义而达到快速反映，这就显示了汉字表义方法的科学性。

称做“六书”的六种字类已不能涵盖所有的现代汉字。杨洪清和朱新兰编著的《现代说文解字字典》（群众出版社，1997）补充了“四书”，即存意字（原形声字简化后无表音部件的字，如“观”，意从“见”）、存音字（原形声字简化后无表义部件的字，如“宪”，音从“先”）、部件字（如“归”，由两个部件组成，这两个部件既不表音，也不表义）、笔画字（如“乡”，由笔画组成，不能归入以上任何一类）。新补充的这“四书”有助于解释简化字。

1.2 形声字音符表音的主要特点

一般认为，汉字没有表音功能。这种观点源于字母表音是文字表音的唯一方法的认识。其实，字母表音只是文字表音的方法之一。况且，字母表音和文字表音也不是等同的概念。拼音文字用字母记音，字母有表音功能，但不是所有的拼音文字都具有词的读音与字母的读音完全一致的特点。拼音文字的词由字母组成，如果词的读音与字母组合的读音不一致，就是形音脱节。英语文字就是形音脱节相当严重的文字。例如：在 common 这个词中，同一个字母 o 就有两种不同的读音；在 commode 这个词中，同一个字母 o 也有两种不同的读音；在这两个词中，同一个字母 o 就有三种不同的读音。又如：

write/right
or/work
gentleman/ground
phonetic/five

在上面的例子中，write 和 right 读音完全相同，所用字母和字母组合却不完全相同；or 单独成词时的读音和在 work 中的读音也不相同；在 gentleman 和 ground 中，同一个字母 g 的发音却有天壤之别；在 phonetic 和 five 中，同一个字母 i 的读音截然不同，f 和 ph 的发音却又完全相同，e 在 phonetic 中表音，在 five 中却不表音，如此等等。这类情况在英语中普遍存在，是常规而非特殊。正因为英语文字存在着严重的形音脱节的现象，学习现代英语文字的读音就不能完全依靠字母的读音。如果英语文字都能根据字母直接发音，就不必专门记忆每一个词的拼法。而事实正好相反，我们学习英文的时候，不但要记住每一个词的读音和意思，而且要记住每一个词的字母组合，所以要花费很多时间和精力去背诵单词。汉字有一字一音的现象，学习一字一音的汉字要死记硬背；英文词则有一词一音的现象，学习一词一音的英文词同样要死记硬背。不同的是，一字一音的汉字为数有限，一词一音的英文词数量庞大。正因为如此，学过多年英语的人书写时有时还要查字典，而且还难免出现拼写错误。就是以英语为第一语言的人，包括文化程度很高的人在内，书写时有时也要查字典，也难免出现拼写错误。

从形体结构单位的角度说，汉字的笔画相当于拼音文字的字母。不同的是，汉字的笔画没有表音功能。汉字的表音功能不是体现在笔画层面上，而是体现在整字层面上。整字表音有两种方法：一是用整字的读音代表音节的读音，这是“一字一音”。例如，“一、二、三、日、月、明”都是一字一音。二是用音符的读音代表整字的读音，这是音符表音。例如，“成”就代表“城、诚”等字的读音，“唐”就代表“糖、塘”等字的读音，这里的“成、唐”就是音符。用整字的读音代表音节的读音就是音义合一，用音符表音就是音义结合。象形字、指事字、会意字都是音义合一，形声字则是音义结合。无论是音义合一，还是音义结合，都是音和义的统一。因为汉字是用象形符号或象形符号与象形符号的组合表音和表义，所以音和义的统一也就是形音义的统一。我们认为，能够达到形音义高度统一的文字才是最科学的文字。

现代形声字的音符有的已不再表音，仍有表音作用的音符可以细分为四类，即：全表音音符、半表音音符、近似音音符和部件音音符。下面举例说明。

（1）全表音音符。与整字读音完全相同的音符叫全表音音符。例如：

**表 10**

| 音符 | 例字 |
|---|---|
| 成 | 城 诚 晟 盛 铖 宬 |
| 唐 | 鄌 塘 搪 溏 瑭 糖 螗 醣 |
| 凶 | 匈 讻 汹 恟 胸 |
| 肖 | 削 逍 消 宵 绡 硝 销 蛸 霄 魈 |
| 章 | 鄣 獐 彰 漳 嫜 璋 樟 蟑 |

（2）半表音音符。与整字的读音声母不同或韵母不同或声调不同的音符叫半表音音符。例如：

**表 11**

| 声母不同 | | 韵母不同 | | 声调不同 | |
|---|---|---|---|---|---|
| 形声字 | 音符 | 形声字 | 音符 | 形声字 | 音符 |
| 草（cǎo） | 早（zǎo） | 伯（bó） | 白（bái） | 吗（ma） | 马（mǎ） |
| 现（xiàn） | 见（jiàn） | 宾（bīn） | 兵（bīng） | 哪（nǎ） | 那（nà） |
| 客（kè） | 各（gè） | 英（yīng） | 央（yāng） | 花（huā） | 化（huà） |

（3）近似音音符。与整字的读音相近的音符叫近似音音符。所谓读音相近，就是只有声母或韵母的读音相同或相近。例如：

**表 12**

| 音符 | 形声字 |
|---|---|
| 井 | 进（声母相同，韵母相近） |
| 广 | 旷（韵母相同，声母相近） |
| 戋 | 钱（韵母相同，声母相近） |
| 斤 | 听（声调相同，韵母相近） |
| 尚 | 躺（韵母相同） |
| 果 | 棵（声母相近） |

（4）部件音音符。有些音符的读音与该音符原字的读音完全不同，但是做部件时的读音具有内部一致性，代表做部件时的统一读音。我们把这类音符的读音叫做“部件音”。例如：

**表 13**

| 部件 | 原字音 | 部件音 | 例字 |
| --- | --- | --- | --- |
| 白 | bái | bó | 伯 泊 柏 铂 帛 舶 鲌 |
| 并 | bìng | píng | 屏 帡 洴 瓶 |
| 亥 | hài | gāi | 该 陔 垓 荄 赅 |
| 军 | jūn | huī | 珲 挥 辉 晖 翚 |
| 开 | kāi | xíng | 刑 邢 形 |
| 难 | nán | tān | 摊 滩 瘫 |
| 反 | fǎn | bān, bǎn | 扳 攽 颁，阪 坂 板 昄 版 钣 舨 |
| 句 | jù | gōu, gǒu, gòu | 佝 枸，狗 枸 苟 笱 岣，够 |
| 每 | měi | huǐ, huì | 悔，诲 晦 |
| 尚 | shàng | tāng, tǎng, tàng | 耥，倘 淌 躺，趟 |
| 生 | shēng | xīng, xìng | 星 猩，性 姓 |
| 少 | shǎo | chāo, chǎo | 抄 钞，吵 炒 |
| 亡 | wáng | māng, máng | 牤，邙 芒 忙 盲 氓 茫 杧 硭 铓 |
| 襄 | xiáng | rāng, ráng, rǎng | 嚷，蘘 瀼 禳 穰 瓤，壤 攘 嚷 |
| 炎 | yán | tán, tǎn | 倓 谈 郯 埮 锬 痰，菼 毯 |
| 且 | qiě | zū, zǔ | 租，阻 诅 组 祖 俎 |
| 我 | wǒ | é, è | 俄 莪 涐 娥 峨 哦 锇 睋 蛾 鹅，饿 |

上表中的部件音，有的读音完全相同，有的只是声调不同（声调不同的用逗号隔开）。部件音不同于原字音，多半是语音分化的结果，在某些方言中，有些部件音仍与原字音保持一致。

上面所说的义符表义和音符表音的统一，是就造字原则的总体而言。汉字发展到今天，义符表义和音符表音的功能已经弱化。弱化现象主要表现为：由于字形和字音的发展变化，多数义符（象形符号）要通过联想或联系原形进行解析，才能理解其意思，有些义符已经失去了象形表义的特点；多数音符只有半表音作用或者只能表示近似音，有的已不再表音。这就是说，现代汉字存在着形音脱节的现象。但是必须了解，如果跟英语文字相比，现代汉字形音脱节的现象并不是最严重的。还要强调指出，汉字义符表义和音符表音的功能虽已弱化，但是形音义统一的造字原则依然存在，为恢复和发展这一科学的造字原则预留着空间。

### 2. 区别性和节约性的科学统一

所有的文字都必须同时具有区别性和节约性。所谓区别性，就是能够把不同的字词区别开来；所谓节约性，就是能够用尽可能少的符号去满足区别性的需要。文字如果没有区别性，不能把不同的字词区别开来，就没有存在的价值；如果没有节约性，要给学习和使用带来无法承受的重负，就没有使用的价值。同时具有区别性和节约性是不同文字的共性。语言也是如此，也必须同时具有区别性和节约性。区别性和节约性是互相制约的一对矛盾，区别性大，有可能导致节约性小；节约性大，有可能导致区别性小。口语是约定俗成的，只能靠社团成员在两者之间自发寻找最大公约数，这是语言发展的内在动力之一。文字是人工创造的，在维护区别性和节约性的统一方面存在着主动创造的空间。

汉字不但具有区别性和节约性，而且使两者达到了高度的统一，是坚持区别性和节约性科学统一的典范。

#### 2.1 汉字的区别性特征

汉字的区别性是汉字与口头汉语科学匹配的需要。口头汉语以音节为基本单位，汉语只有 1333 个音节，用这 1333 个音节进行口头交际，不可能表达大千世界的各种概念。数量偏少就使汉语音节节约性有余而区别性不足。音节与音节的直接组合虽能减少却不能完全避免同音词的出现。口语的约定俗成性决定了，我们不可能人为地增加或减少音节的数量。为了弥补为数有限的音节区别性不足的缺陷，我们的祖先就想出了用不同的汉字转写相同音节的办法。用这样的办法不但可以把大量的同音字区别开来，而且可以把大量的同音词区别开来。例如：

不详　不祥（详 祥）
大道　大盗（道 盗）
食堂　食糖（堂 糖）
石油　食油（石 食）
因素　音素（因 音）
原因　元音（原 元　因 音）
只是　指示（只 指　是 示）
中心　忠心 衷心（中 忠 衷）
住房　驻防（住 驻　房 防）
向前看　向钱看（前 钱）

用不同的汉字转写相同的音节，就是为了区别字义和词义。如果改用单纯记音的文字，就无法区分同一个音节的不同的意思，不要说古代汉语和大量的诗词、对联、标牌、人名、地名等都无法区分和理解，就是现代人日常生活中常用的词语，有许多也都难以从意义上加以区分。只有用区别性更大的汉字转写音节，才能充分满足交际的需要。汉字能够绵延数千年，并且还要继续绵延下去，就是因为汉字比汉语音节具有更大的区别性。汉语文字拼音化的道路走不通，原因之一就是汉语拼音无法取代汉字的区别性优势。

2.2 汉字的节约性特征

汉字也是具有高度节约性的文字。前面说过，现代通用汉字只有7000个，常用汉字只有2500个，2500个最常用汉字的覆盖率可以达到99%以上。汉字字形的结构单位有笔画、部件和整字。汉字到底有多少笔画、多少部件，因为分析的角度、标准和方法不同，得到的数量也不同。我们根据教学需要对7000个通用汉字进行分析、统计的结果，得到笔画28个。部件有整字部件和非整字部件之分，整字部件就包含在整字之中，不应重复计数。据初步统计，非整字部件只有220多个（包括繁体字中的非整字部件）。大体上说，所有的汉字就是由这28个笔画和220多个非整字部件组合生成的，这28个笔画和220多个非整字部件就是汉字的全部生成元素。为数有限的生成元素能够组合生成数量充足的汉字，充分满足书面交际的需要，这就显示了汉字的高度节约性。

汉字为什么具有高度节约性？一是因为汉字不是拼音字母的线性组合，而是笔画和部件按上下、左右、内外位置排列的平面组合，使形音义表达的自然空间得到了充分的利用；二是因为大多数部件都可以一身多任。所谓一身多任，就是既是整字，又可以作为整字的组成成分；作为整字的组成成分，还可能充当义符或音符，或义符兼音符。表 14 是部件一身多任的例子：

**表 14**

| 整字 | | 部件 | 义符 | 音符 |
|---|---|---|---|---|
| 村 | 木 | 木 | 木 | |
| | 寸 | 寸 | | 寸 |
| 功 | 工 | 工 | | 工 |
| | 力 | 力 | 力 | |
| 和 | 禾 | 禾 | 禾 | 禾 |
| | 口 | 口 | 口 | |

汉字的节约性不但表现为通用字和常用字数量少，也不但表现为生成元素的数量少，而且还表现为占用自然空间小。把汉语翻译成拼音文字语言，所占自然空间会大得多；如果用汉语拼音转写口头汉语，所占自然空间也会大得多。增加自然空间不但意味着增加物质资源的消耗，而且意味着增加阅读时间。

我们说汉字已达到区别性与节约性的高度统一，也是就造字原则的总体而言，并不是说所有的汉字在区别性和节约性方面都已达到了尽善尽美的境界。实际上，汉字在区别性和节约性的统一方面仍有很大的改革空间。

### 3. 与口头汉语的科学匹配

因为文字的主要作用是转写口头语言，所以必须与口头语言相匹配。汉字形音义科学统一以及区别性与节约性科学统一的特点，使其与口头汉语的匹配也十分科学。其科学性至少表现在以下几个方面：

（1）是口头汉语特点的直接反映。口头汉语的特点之一是以音节为基本单位进行组合生成。因为意思相关的音节可以直接组合，所以可以用没有形变功能却有表义特点的汉字加以转写，使汉字成为整体转写言语音节而与言语音节相对应的文字。这说明口头汉语以音节为基本单位进行直接组合生成的特点是汉字得以产生和发展的客观基础，也说明汉字是口头汉语特点的直接反映。

（2）弥补了汉语音节区别性不足的缺陷。因为汉语音节的数量有限，要表达大千世界的各种概念，一个音节就必须表示多个意思。汉字除了跟汉语音节有对应关系以外，还具有形音义统一的特点以及由此决定的更大的区别性，可以用不同的汉字把同一个音节的不同的意思区别开来。这就弥补了为数有限的汉语音节区别性不足的缺陷。

（3）保证了基本单位的一致性和视、说、听的一致性。口头汉语以音节为基本单位，汉字整体转写言语音节，与言语音节相对应，就成为书面汉语的基本单位。这就使以汉字为代表的书面汉语的基本单位跟以音节为代表的口头汉语的基本单位完全一致，使汉语使用中的视、说、听完全一致。所谓视、说、听完全一致，就是视觉上的一个直观表义的符号，说出来就是一个音节，在听觉上就是一个响峰。基本单位的一致性和视、说、听的一致性有利于书面汉语和口头汉语的兼容和对流。例如，“与时俱进、以人为本”这类带有文言色彩的表达，在书面汉语中出现以后，很快就融入了口头汉语。如果不见于书面汉语，一般人就听不懂，也就难以进入口头汉语。听不懂的话语写下来就看得懂，并且马上会说，是十分普遍的汉语现象。这正是汉字的表义特点和区别性特征所决定的。单纯记音的文字不可能具有这样的作用，听不懂的话语，写下来照样看不懂。

（4）使众多方言的存在不影响书面汉语的统一。因为汉字与汉语音节有对应关系，所以同样的汉字可以用不同的方音识读。众多方言的存在，包括语音差别很大的方言的存在，并不影响书面汉语的统一，汉字与口头汉语的科学匹配是原因之一。如果不是因为汉字与口头汉语的科学匹配，汉语早已分化为多种语言。书面汉语的统一——书同文——意义重大，不但便于普通话与方言的兼容和对流，而且在民族统一方面发挥了并将继续发挥重要的维系作用。

（5）使现代汉语能够跟古代汉语保持有效的传承关系。汉字与汉语音节的对应关系以及汉字形音义统一的特点使现代汉语能够跟古代汉语保持有效的传承关系，使历代文化典籍中最精彩的部分，例如成语、典故、常用字词以及词语结构方式等，都成为语言自身的积淀而在现代汉语（包括书面汉语和口头汉语）中被广泛沿用，使现代汉语更加简练、丰富和多姿多彩。“大道至简”，“其大无外，其小无内”，“人法地，地法天，天法道，道法自然”，这类古老而深奥的哲学道理，都可以通过汉字加以理解。如果把汉字改为拼音文字，就会切断现代汉语跟古代汉语的天然联系。

书面汉语与口头汉语的兼容和对流，普通话与方言的兼容和对流，古代汉语及其承载的传统文化通过现代汉语传承绵延，使汉语在使用中不断发展，使源远流长的中华文化在与时俱进中发扬光大，所有这些，都要归功于汉字与口头汉语的科学匹配。之所以不能用拼音文字代替汉字，根本的原因就在于汉语拼音不可能与口头汉语科学匹配。

汉字造字原则的科学性保证了汉字的勃勃生机，也使汉字成为容易学的文字。

## 三、汉字的字形结构

### 1. 字形结构单位

汉字的字形有笔画、部件和整字三级结构单位。笔画包括基本笔画和复合笔画，复合笔画又包括基本复合笔画和多重复合笔画；部件包括基本部件和复合部件，复合部件又包括基本复合部件和多重复合部件；整字包括基本字和复合字，复合字又包括基本复合字和多重复合字。基本字也叫独体字，复合字也叫合体字。我们用表15说明整字、部件和笔画这三者的关系。

**表 15**

| 整字 | | | 部件 | | | 笔画 |
|---|---|---|---|---|---|---|
| 基本字 | 基本复合字 | 多重复合字 | 基本部件 | 基本复合部件 | 多重复合部件 | 笔画数 |
| 十 | | | 十（早） | | | 2（十） |
| | 早 | | | 早（草） | | 6（早） |
| | | 章 | | | 章（樟） | 11（章） |

上表说明：由基本字担任的部件是基本部件，由基本复合字担任的部件是基本复合部件，由多重复合字担任的部件是多重复合部件。

上表所列部件都是整字部件，非整字部件也有非整字基本部件、非整字基本复合部件和非整字多重复合部件之分，这里从略。

## 2. 字形结构类型及其组合生成

我们把汉字字形的结构类型分为基本结构和复合结构两类，再把复合结构分为基本复合结构和多重复合结构两类。下面分别介绍基本结构、基本复合结构和多重复合结构的组合生成。

### 2.1 基本结构的组合生成

基本结构由笔画与笔画直接组合生成。例如："一、乙、人、十、艹、了、人、小"等都是由笔画与笔画直接组合生成的，所以都是基本结构。

基本结构的组合生成有以下三种方式：

（1）笔画相交。例如：十 艹

（2）笔画相接。例如：人 了

（3）笔画相离。例如：八 小

### 2.2 基本复合结构的组合生成

基本复合结构由笔画与基本结构组合生成，或者由基本结构与基本结构组合生成。例如：

么 ← ノ + 厶（笔画"ノ"+ 基本结构"厶"）

旦 ← 日 + 一（基本结构"日"+ 笔画"一"）

字 ← 宀 + 子（基本结构"宀"+ 基本结构"子"）

他 ← 亻 + 也（基本结构"亻"+ 基本结构"也"）

同 ← 冂 + 口（基本结构"冂"+ 基本结构"口"）

吾 ← 五 + 口（基本结构"五"+ 基本结构"口"）

射 ← 身 + 寸（基本结构"身"+ 基本结构"寸"）

### 2.3 多重复合结构的组合生成

大于基本复合结构的是多重复合结构。多重复合结构由基本结构与基本复合结构组合生成，或者由基本复合结构与基本复合结构或多重复合结构组合生成。例如：

谢 ← 讠 + 射　（基本结构 + 基本复合结构）

语 ← 讠 + 吾　（基本结构 + 基本复合结构）

高 ← 亠 + 口 + 同（基本结构 + 基本结构 + 基本复合结构）

敲 ← 高 + 支　（多重复合结构 + 基本复合结构）

上面的汉字都大于基本复合结构，所以都属于多重复合结构。

从上面的例子可以看出，汉字字形结构的基础是笔画，核心是基本结构。所有的基本结构都是由笔画组合生成的，所有的复合结构中都包含基本结构。由此可见，只要学好了为数有限的笔画和基本结构，学习复合结构就不难。

## 3. 字形结构类型与整字类型

### 3.1 字形结构类型与整字类型的关系

我们把整字类型分为基本字、基本复合字和多重复合字三类，把字形结构类型分为基本结构、基本复合结构和多重复合结构三类。为什么既要划分整字类型，又要划分字形结构类型？因为它们不能互相代替。例如：就字形结构而言，“亻、讠、亠、宀、冋、厶、十、人、八、五、口”等都是基本结构，就整字类型而言，“十、人、八、五、口”等是基本字，“亻、讠、亠、宀、冋、厶”等不是基本字。这说明字形结构类型不限于整字类型。讲字形结构类型，必须具体说明某种结构类型的生成方式；讲整字类型，只需要说明某个汉字属于哪一种结构类型。字形结构类型是划分整字类型的依据，只有首先研究字形结构类型，才能划分整字类型。由此可见，把字形结构类型和整字类型分开来研究是完全必要的。

### 3.2 字形结构类型与字义的关系

汉字的字形结构类型与字义结构特点有密切的关系，研究字形结构类型不但是为了帮助学习者认读和书写汉字，而且也是为了帮助学习者理解字义。不过字形结构类型和字义结构特点不都是完全一致的。一般说来，基本结构、基本字表示相似义，复合结构、复合字表示组合义。例如，“人、日、月、马”等都是基本结构，这些基本结构都是象形符号，表示相似义；“休、国、家、活、从、众”以及“请、清、情、晴”等都是基本复合结构或多重复合结构，都是用象形符号与象形符号的组合表示字义，或表示字义和字音，它们的字义都是组合义。然而，表示相似义的不一定都是基本结构、基本字，复合结构、复合字不一定都表示组合义。例如，“高”的古字像高耸的楼台，以楼台的形状代表“高”，所以“高”是象形字，表示相似义。演变为现在的字形以后，就成为由“亠、口、冋”组成的多重复合字。这里的“亠、口、冋”不是原始象形符号，所以“高”字的字义不是“亠、口、冋”的组合义。又如，“京”的古字像建在高台上的宫殿，以宫殿的形状代表都城，所以“京”也是象形字，表示相似义。演变为现在的字形以后，就成为由“亠、口、小”组成的多重复合字。这里的“亠、口、小”也不是原始象形符号，所以“京”字的字义不是“亠、口、小”的组合义。这就是字形结构类型与字义结构特点不一致。字形结构类型与字义结构特点不完全一致，是字形演变的结果。

除了存在着字形结构类型与字义结构特点不一致的现象以外，还有一些汉字如果不从字源上分析，很难确定其结构类型。例如：“日”是不是由“口”和“一”组成的？“月”是不是由“⺆”和“二”组成的？“氵”是不是由“丶”和“冫”组成的？“宀”是不是由“丶”和“冖”组成的？“犬”是不是由“大”和“丶”组合生成的，……如果不从字源上分析，就不太容易确定。对于这类汉字，我们都联系字源，按照便于解释字义的原则进行字形结构的分类和归类。例如：“氵”代表“水”，“宀”代表房子，“日、月”代表太阳和月亮，“犬”的古字像“狗”的形状，代表狗，它们都是象形符号，就把它们都作为基本结构和基本字，不再分解。如果把它们作为复合结构和复合字，反而不好解释字义。因此，我们把“氵、宀”归入基本结构，把“日、月、犬”归入基本结构、基本字。“弋、戈”等也是象形符号，所以也归入基本字。

### 4. 复合字的字形结构方式

复合字的字形结构方式是指复合字内部各结构单位之间的位置关系。从位置关系看，复合字的字形有以下五种结构方式：

（1）上下结构。结构单位按上下位置排列的是上下结构。例如：

么——丿
　　　厶
买——乛
　　　头
个——人
　　　丨
吊——口
　　　巾

（2）左右结构。结构单位按左右位置排列的是左右结构。例如：

旧——丨·日

汉——氵·又

亿——亻·乙

明——日·月

（3）内外结构。结构单位按内外位置排列的是内外结构。例如：

回——囗—口

太——大—、

见——冂—儿

病——疒—丙

可——丁—口

建——聿—廴

过——寸—辶

有——𠂇—月

友——𠂇—又

发——𡯁—又

美——丷—王—大

（4）综合结构。有些上下结构、左右结构和内外结构中还包含着其他上下结构、左右结构和内外结构，这样的字形结构属于综合结构。例如：

梦——林—木＋木

　　夕

语——讠

　　吾—五

　　　口

疯——疒

　　风—几

　　　乂

上面的“梦”是上下结构，其中的“林”是左右结构；“语”是左右结构；其中的“吾”是上下结构；“疯”是内外结构，其中的“风”也是内外结构。综合结构看似复杂，其实都离不开上下、左右、内外这三种形式，只要把上下、左右、内外这三种形式弄清楚了，其他形式都容易理解。

（5）特殊结构。各结构单位之间有笔画相交、相连或相隔，无法按上下、左右、内外的方法进行分析的结构方式属于特殊结构。例如：

聿：由“⺕、二、丨”组合而成，其中的“丨”把“⺕、二”串在一起，所以不能按上下结构分析。

事：由“一、口、⺕、亅”组合而成，其中的“亅”把“一、口、⺕”串在一起，所以不能按上下结构分析。

里：由“田”和“土”组合而成，因为“田”和“土”有竖（丨）笔相连，所以也不能按上下结构分析。

我：由“丿、扌、戈”组合而成，因为“扌”和“戈”有横（一）笔相连，所以不能按左右结构分析。

内：由“冂”和“人”组合而成，“人”中的笔画“丿”与“冂”相交，所以不能按内外结构分析。

坐：由“从”和“土”组合而成，“土”中的竖（丨）笔把左右结构“从”隔开，所以不能按上下结构或左右结构分析。

夹：由“二、人、丷”组合而成，因为有“丿”相交和相隔，所以无法按上下、左右、内外结构分析。

了解汉字的字形结构不但有助于汉字的理解和记忆，而且有助于汉字的正确书写。只有对字形结构有清晰的认识，才能更加有效地帮助学生正确地理解、记忆和书写汉字。

## 四、汉字的部件

### 1. 什么是部件

我们把汉字中大于笔画、小于全字的结构单位叫做部件。部件只存在于复合结构和复合字之中，基本上都是自由形式。所谓自由形式，就是可以与相关的结构单位进行自由组合，不是只能凝固在某一个特定的结构单位之中。例如：

亻：你 他 仁
氵：江 河 海
厶：么 去 私
乙：亿 艺 忆
艹：花 草 菜
吾：捂 悟 语

因为部件是大于笔画的结构单位，所以笔画不是部件。“一、乙”可以担任部件，是因为它们也是整字，有整字的身份就可以担任部件。

## 2. 部件的类型

我们根据结构特点和结构类型区分部件的类型。

### 2.1 整字部件和非整字部件

根据结构特点，我们把汉字的部件分为整字部件和非整字部件两类。

（1）整字部件。由整字担任的部件叫整字部件。例如：

乙（忆） 口（叫） 市（柿） 早（草） 章（樟）

上面的“乙、口、市、早、章”都是整字，在大于它们的整字中就是部件。

（2）非整字部件。由非整字担任的部件叫非整字部件。例如：

冖（写） 宀（宝） 冫（冷） 氵（汉） 廾（弄）

上面的“冖、宀、冫、氵、廾”都不是整字，由它们担任的部件就叫非整字部件。

有些结构单位看似部件，却只能黏着于某个特定的结构单位，而不是自由形式。例如：

攴：只能与“高”组成“敲”。
隹：只能与“亻”组成“隹”。
⺻：只能与“女”组成“妻”。
⺈：只能与“⺈”组成“争”。

上面例子中的“攴、⺷、⺺、⺕”都不是自由形式，对这样的结构单位只能按特殊情况分别处理。例如，“支”同“攵”，就作为“攵”的变体。“隹”是象形字，就按象形字作为整体进行解释，不予分解。“妻、争”是会意字（“争”是“爭”的简化字），因为其中的“⺺、⺕”不是自由形式，所以就把它们放在整字中解释。

2.2 基本部件、基本复合部件、多重复合部件

根据结构类型，我们把汉字的部件分为基本部件和复合部件两类，再把复合部件分为基本复合部件和多重复合部件两类。

（1）基本部件。由基本结构、基本字担任的部件是基本部件。例如：

亻（仁 你 他 位）
宀（宝 字 家 室）
冫（冰 冻 冷 寒）
氵（液 汗 流 洲）
艹（草 花 菜 药）
讠（话 语 讲 说）
厶（么 去 云 允）
乙（亿 艺 忆 乞）
口（呼 叫 吃 品）

（2）基本复合部件。由基本部件与基本部件组合生成的部件是基本复合部件。例如：

冋（高）：由“冂、口”两个基本部件组合生成。
市（柿）：由“亠、巾”两个基本部件组合生成。
台（始）：由“厶、口”两个基本部件组合生成。
早（草）：由“日、十”两个基本部件组合生成。
吾（语）：由“五、口”两个基本部件组合生成。
林（森）：由“木、木”两个基本部件组合生成。

（3）多重复合部件。大于基本复合部件的部件是多重复合部件。例如：

叚（假）：“叚”由“𠂤”和“⺕”组合生成，“𠂤”是基本部件，“⺕”是由“⺕”和“又”两个基本部件组成的基本复合部件。

兑（说）：“兑”由“丷、兄”组合生成，“丷”是基本部件，“兄”是由“口”和“儿”两个基本部件组成的基本复合部件。

章（樟）：“章”由“立”和“早”组合生成，“立”和“早”都是基本复合部件。“立”由“亠”和“丷”组成，“早”由“日”和“十”组成。

以上关于部件类型的例子都说明，汉字部件的类型与字形结构类型和整字类型是完全一致的。基本部件都由基本结构或基本字担任，基本复合部件都由基本复合结构或基本复合字担任，多重复合部件都由多重复合结构或多重复合字担任。

### 3. 部件的功用

汉字的部件在汉字中有不同的功用，有的担任义符或音符，有的担任义符兼音符，有的只做记号。举例如下：

（1）担任义符。例如：

宀：宝 家 室 字
口：吃 喝 叫 喊
冫：冰 冻 冷 凉
氵：江 河 湖 海
艹：草 花 菜 苗
讠：讲 谈 语 说
木：休 林 森 树

（2）担任音符。例如：

乙：钇 亿 忆 艺
吾：捂 梧 悟 晤
胡：葫 湖 蝴 瑚
马：码 蚂 妈 骂
巴：疤 把 爸 吧

（3）担任义符兼音符。例如：

弓：躬

畐：富

禾：和

（4）只做记号。只做记号的部件，多半是繁体字部件的简化形式。例如：

又：欢 观 劝 权 邓 对

⺍：兴 学 举

在上面的例子中，“欢、观、劝、权”是“歡、觀、勸、權”的简化字，“又”是“雚”的简化形式。“邓”是“鄧”的简化字，“对”是“對”的简化字，它们中的“又”分别是“登、丵”的简化形式。“兴、举、学”是“興、舉、學”的简化字，“⺍”分别是“興、舉、學”的部头的简化形式。

### 4. 部件的定名和定称

#### 4.1 什么是定名和定称

组合汉语十分重视部件教学，这不但是因为部件是汉字的一级结构单位，而且还因为大多数部件都具有表义或表音的作用，或具有表义兼表音的作用。因此，汉字教学不应忽视部件教学。要进行部件教学，就必须给部件定名和定称。

部件的定名就是给部件起名字，部件的定称就是规定怎样称说具体汉字中的部件。为什么既要定名，又要定称？因为部件的名字和称呼不完全相同。例如，同一个“木”字，担任部件时叫“木部”，“木部”就是部件的名字。但是光说“木部”，还是无法称呼“李、朵、树、休、闲”等字中的“木”。要称呼“李、朵、树、休、闲”等字中的“木”，还必须规定怎样称呼。

#### 4.2 部件定名和定称的原则和方法

组合汉语根据便于解释字义并易于理解和记忆的原则给部件定名和定称。根据这一原则，我们用“部件＋部”的统一格式给部件定名，用“部件＋部＋部件位置”的统一格式给部件定称。例如：“木”担任部件时就叫“木部”，在“李、朵、树、休、闲”等汉字中就分别叫“木部头、木部底、木部旁、木部边、木部心”；“口”担任部件时就叫“口部”，在“吊、古、吃、加、回”等汉字中就分别叫“口部头、口部底、口部旁、口部边、口部心”。“回”字外面的部件“囗”叫“囗部框”。这里的

“头、底、旁、边、心、框”就代表部件在具体汉字中的位置。

4.3 部件的读音

汉字的部件有整字部件和非整字部件之分。整字部件由整字担任，整字都有自己的读音，所以可以直接用做部件的读音。例如：“木”做部件时就叫“木部”，“口”做部件就叫“口部”，“日”做部件就叫“日部”。非整字部件有不同的来源，我们就根据来源的特点规定该部件的读音。根据非整字部件的来源规定读音，有利于对相关部件的解释、理解和记忆。举例如下：

（1）有些非整字部件是整字的变体，就用其所代表的整字的读音作为部件的读音。例如：

亻　氵　灬

𠂉　扌　龵

刂　⺈

“亻、氵、灬”是“人、水、火”做部件时的变体，它们的名称就分别叫做“亻（rén）部”、“氵（shuǐ）部”、“灬（huǒ）部”。

“𠂉、扌、龵”是“手”做部件时的变体，它们都读 shǒu。

“刂、⺈”是“刀”做部件时的变体，它们都读 dāo。

（2）有些非整字部件本是古字，就把它们看做整字（古字）并以其读音作为该部件的读音。例如：

𠂇：古“左”字，叫“𠂇（zuǒ）部”。

丂：古“考”字，叫“丂（kǎo）部”。

吅：古字音 xuān，叫“吅（xuān）部”。

罒：古“囱”字，叫“囱（cōng）部”。

阝：古字分别同“阜”和“邑”，做部旁叫“阝（阜 fù）部”，做部边叫“阝（邑 yì）部”。

夂：古字同“止”，叫“夂（zhǐ）部”。

勹：古字同“包”，叫“勹（bāo）部”。

冖：古字同“幂”，叫“冖（mì）部”。

（3）有些部件另选代表字更便于解释字义，就另选代表字，用代表字的读音作为该部件的读音。例如：

亠：用“六”做代表字，叫“亠（liù）部”。

宀：用“宝”做代表字，叫“宀（bǎo）部”。

辶：用“走”做代表字，叫“辶（zǒu）部”。

为什么用“六”做“亠”的代表字？因为“六”的原字是“庐”(搭建在野外的临时居所）的意思，“亠”代表房顶，下面的撇和点代表柱子。用“六”做“亠”的代表字，就可以把“亠”解释为代表房顶。例如：“市”由“亠”和“巾”组成，“亠”代表房屋，“巾”是纺织品。纺织品是最早的商品之一，代表商品，有房屋和商品的地方就是“市”(市场、城市）。“亠”又引申为“人”(房顶好比人头)，用“六”做“亠”的代表字，还可以把“亠”解释为代表“人”。例如：“亡”由“亠”和“乚”组成，“亠”代表“人”，“乚”代表隐去，用人隐去代表死亡。为什么选“六”而不选“市、亡”等做代表字？因为在汉语教学中，“六”的出现一般要先于带“亠部”的其他汉字，所以用“六”做代表字更便于教学。

为什么用“宝”做“宀”的代表字？这是为了从俗（俗称“宝盖头”）。“宀”代表房屋，用“屋中之玉”代表“宝”。凡有“宀”做部头的汉字，其意思多半跟房屋有关，如“家、室、安”等。

为什么用“走”做“辶”的代表字？这是为了从俗（俗称“走字底”）和从简。“辶”有“行走”的意思，用“走”做代表字，就可以把“辶”解释为代表行走。凡带“辶”的汉字，其意思多半跟行走有关，如“这、过、道”等。“辶”是“辵”(chuò）的变体，“辵”字现在很少使用，如果读“辵”，就需要更多的解释，会增加学习负担。

（4）有些部件无法采用上述各类读音，就借用它们所属的整字或非整字的读音。这类部件数量不多，出现频率也不高，属于罕用部件。例如：

コ（巨）：巨部心

叚（假）：假部边

𠂤（叚）：叚部旁

𠬝（叚）：叚部边

### 5. 部件的名称

用“部件＋部”的统一格式给部件定名，“部件＋部”就是部件的名称。例如：

口——口部

木——木部

丷——丷部（“丷”是“八”的变体，称“倒八”，读“八”）

龵、扌、𠂉——龵部、扌部、𠂉部（它们都是“手”的变体，都读“手”）

阝——阝部（“阝”做部旁是“阜”的变体，读“阜”，例如：陈、阵）

——阝部（“阝”做部边是“邑”的变体，读“邑”，例如：郑、都）

冫——冫部（“冫”是“冰”的变体，读“冰”）

氵——氵部（“氵”是“水”的变体，读“水”）

灬——灬部（“灬”是“火”的变体，读“火”）

冂——冂部（“冂”读“同”，“同”是代表字）

辶——辶部（“辶”读“走”，“走”是代表字）

廴——廴部（“廴”读“延”，“延”是代表字）

### 6. 部件的称说

用“部件＋部＋部件的位置”的统一格式给具体汉字中的部件定称，就可以称说具体汉字中的部件。“部件的位置”用“头、底、旁、边、心、框”代表。

（1）……部头。凡属上下结构的汉字，上面的部件一律叫“……部头”。例如：

亠（六、文、市、京）：亠（六）部头

丷（关、总、兑、并）：丷（八）部头

艹（草、花、蔬、菜）：艹（草）部头

口（员、吊）：口部头

吅（哭、骂）：吅部头（“吅”音 xuān）

（2）……部底。凡属上下结构的汉字，下面的部件一律叫“……部底”。例如：

𠂉（举、奉、择）：𠂉部底（“𠂉”音手）

口（古、哲）：口部底

巾（币、市、布、吊）：巾部底

灬（热、煎、熬、蒸）：灬部底（“灬”音火）

（3）……部旁。凡属左右结构的汉字，左边的部件一律叫“……部旁”。例如：

扌（打、推、拉、捣）：扌（手）部旁

木（村、枝、椅、树）：木部旁

口（吃、叫、喊、唱）：口部旁

阝（陈、阵）：阝（阜）部旁

冫（冰、冻、凉、冷）：冫（冰）部旁

氵（江、河、海、洋）：氵（水）部旁

（4）……部边。凡属左右结构的汉字，右边的部件一律叫“……部边”。例如：

刂（到、则、削、割）：刂（刀）部边

阝（郑、都）：阝（邑）部边

口（加、扣）：口部边

木（休）：木部边

（5）……部心。凡属内外结构的汉字，里面的部件一律叫“……部心”。例如：

口（问）：口部心

木（闲）：木部心

玉（国）：玉部心

聿（建）：聿部心

王（美）：王部心

刂（班）：刂（刀）部心

（6）……部框。凡属内外结构的汉字，外面的部件一律叫“……部框”。例如：

冂（同、冈、网）：冂（同）部框

门（问、闻、闷、闪）：门部框

囗（国、围、囚）：囗（围）部框

ナ（有、友、左、右）：ナ（左）部框

辶（这、过、遇、逃）：辶（走）部框

组合汉语提出的部件名称中不包含“角、腰、身”等概念。对左右结构中包含上下结构的汉字，先按左右结构拆分，再按上下结构拆分；对上下结构中包含左右结构的汉字，先按上下结构拆分，再按左右结构拆分；两面包围结构以及按上、中、下和左、中、右位置排列的字形结构也归入内外结构。例如：

语：讠部旁，吾部边

吾：五部头，口部底

临：刂（lín）部旁，𠂉（lín）部边

监：𠂇（jiān）部头，皿部底

假：亻（rén）部旁，叚（jiǎ）部边

叚：𰀁（jiǎ）部旁，𠬪（jiǎ）部边

这：文部心，辶（走）部框

建：聿部心，廴（延）部框

可：口部心，丁部框

曾：丷部头，四（zēng）部心，日部底

亥：亠（六）部头，丩部心（“乡”同“丩”，音 jiū），人部底

京：亠（六）部头，口部心，小部底

高：亠（六）部头，口部心，冂部底（“冂”音 jiōng）

班：玉部旁，刀部心，玉部边（刂＝刀，“王、王”＝玉）

“犬、弋、尤”等归入基本结构字，“半、夹”等归入特殊结构字，不予拆分；这样，所有的复合结构和复合字就都可以按照上下结构、左右结构和内外结构给部件定名，就不会出现“角、腰、身”等概念。

用“部件＋部”的统一格式给部件定名，就使部件名称与相应的汉字或代表字的名称保持一致；用“部件＋部＋部件的位置”的统一格式称说具体汉字中的部件，就使部件称说与部件名称相一致，并使部件称说与部件位置相一致。这样定名和定称的结果，关于部件名称和称说的概念就只有 7 个，即：“部、头、旁、边、底、心、框”，仅用这 7 个概念就可以给所有的部件定名并称说汉字中的所有的部件。减少部

件名称的概念，是为了减轻学习者的记忆负担。

因为汉字部件包含的概念有限，这些概念又便于理解和记忆，所以学习部件并不难。学习部件有助于对汉字的理解和记忆，可以使汉字学习化难为易。

## 五、汉字教学系统

汉字本是容易学的文字，却让人觉得很难学。让人觉得很难学，是因为我们的汉字教学一直处于无序状态，没有按照汉字的性质、特点和规律进行汉字教学。所以说，汉字是“被难学”了的。要使汉字恢复其容易学的本来面貌，就必须建立起能够体现汉字的性质、特点和规律的科学的汉字教学系统，使汉字教学变无序为有序。上面讨论汉字的性质、特点和作用，汉字的造字原则，汉字的字形结构，汉字的部件，都是为了给建立科学的汉字教学系统提供依据。根据上面对汉字的解释，我们认为，科学的汉字教学系统应包括笔画教学系统、部件教学系统、整字教学系统以及这三者的科学统一。下面分别说明。

### 1. 笔画教学系统

笔画是汉字的基本书写单位，也是汉字的基本组合单位和基本认知单位，所以汉字教学必须从笔画教起，就像教拼音文字必须从字母教起一样。教拼音文字如果不从字母教起，学生就不了解词是由字母组成的，就会觉得一个词就像一串蛇形乱字符；汉字教学如果不从笔画教起，学生就不了解汉字是由笔画组成的，就会觉得一个汉字就像一幅图画。汉字教学是书面汉语教学和口头汉语教学的起点，汉字教学从笔画教起，就意味着整个汉语教学就是从笔画教起。这就是说，笔画教学是整个汉语教学的基础的基础，必须受到高度的重视。任何轻视笔画教学的观念和行为都是有害的。

要使汉字教学变无序为有序，必须首先建立起科学的笔画教学系统。科学的笔画教学系统应包括以下内容：

1.1 循序渐进

笔画教学的循序渐进就是按照由简单到复杂的顺序进行教学。由简单到复杂就是先教基本笔画，由基本笔画到基本复合笔画再到多重复合笔画。书写时笔向基本不变的是基本笔画，笔向改变一次的是基本复合笔画，笔向改变两次以上的是多重复合笔画。汉字共有28个笔画，其中基本笔画6个，基本复合笔画9个，多重复合笔画13个（见本书附录《汉字笔画表》）。

1.2 把笔向、笔形和笔顺作为笔画教学的基本内容

（1）笔向。笔向即笔画的走向。我们把汉字笔画的走向概括为以下六种类型：

**表 16**

| 笔向 | 笔形 | 名称 | 例字 |
|---|---|---|---|
| 从左到右 | 一 | 横 | 一 七 |
| 从上到下 | 丨 | 竖 | 十 五 |
| 从右上到左下 | 丿 ， | 撇，（左）点 | 千 人 月 冖 灬 |
| 从左上到右下 | ㇏ ㇛ | 捺，（右）点，（撇）点 | 八 六 女 |
| 从左下到右上 | ㇀ | 提 | 土 氵 扌 |
| 弯曲 | ㇃ ㇁ | 弯（钩） | 我 家 |

（2）笔形。笔形即笔画的形状。汉字笔画形状的主要特点是有粗细之分，粗细之分主要体现在“撇、捺、提、钩”这几个笔画之中。例如：

撇（丿）：由粗到细，尾部呈尖形。凡“撇”尾部均呈尖形。

捺（㇏）：由细到粗到细，尾部呈刀形。凡“捺”尾部均呈刀形。

提（㇀）：由粗到细，尾部呈尖形。凡“提”尾部均呈尖形。

钩（乛、亅、㇃、㇁）：由粗到细，呈尖形。凡“钩”均呈尖形。“弯”和“钩”是黏着笔形，只存在于复合笔画之中。“弯”总是黏着于“钩”，“钩”则黏着于横（乛）、竖（亅）、弯（㇃、㇁）。

只有用软笔（例如毛笔）书写才能显示笔形的粗细。用硬笔书写虽然不太容易显示粗细，但是要让学生注意用笔的力度：由粗到细，用力要由大到小；由细到粗，用力要由小到大。

汉字有不同的字体，最常用的是宋体和楷体。宋体是最常用的印刷体，楷体是最常用的手写体。本书所说的28个笔画以宋体为准。楷体笔画和宋体笔画的笔向和笔形区别不大，只有个别笔画的笔向和笔形需要适当提示。例如：

"辶"(宋体)和"辶"(楷体)。宋体的第二笔是横竖，楷体的第二笔是横撇弯，两者的第三笔"捺"的笔形也稍有不同。

"心"(宋体)和"心"(楷体)。宋体的第二笔是竖横钩，楷体的第二笔是弯钩。

为了让学生熟悉这两种不同的字体，教材最好在课文部分用楷体，在其他部分用宋体，或者反过来。

(3)笔顺。书写汉字时，笔画有一定的顺序，笔画书写的顺序就叫笔顺。笔顺规则如下：

先横后竖：十 丰 艹

先撇后捺：人 八

先上后下：亠 氵 乡

先左后右：川 灬 厶

先中后边：小 水

先外后内：月 同

最后封口：口 日 国

少量特殊："弋、犬、我、发"等字中的"点"在最后；"这"属于内外结构，笔顺规则不是先外后内，而是先内后外。

笔顺规则主要体现在基本结构、基本字之中，只有少数复合结构和复合字的书写要涉及笔顺规则(如"同、国、这"等内外结构字)。因此，笔顺教学主要是基本结构、基本字教学的任务，除了"一"和"乙"这两个基本字都只有一个笔画以外，其他基本结构、基本字都是由两个或两个以上的笔画组合生成的。凡由两个以上的笔画组成的基本结构、基本字以及属于内外结构的复合结构、复合字，书写时都要遵循笔顺规则。

要求按照笔向、笔形和笔顺的统一规范书写汉字，是为了帮助学生养成良好的书写习惯和正确的书写方法。只有这样，才能提高书写速度，写出的汉字才容易辨认，进而达到美观。有些外国学生不愿意按照统一规范书写汉字，要向他们说明按照统一规范书写汉字的必要性。

1.3 要求记住笔画的名称

学习汉字的笔画必须记住每一个笔画的名称，因为只有记住了名称，才能形成清晰的概念，才便于在大脑中单独储存和提取。记住笔画的名称是加快理解和记忆笔画的必要条件。

有人担心，要求记住笔画的名称会增加学习负担。我们认为，在笔画的教学和学习上多花些时间是值得的，因为这是学好汉字的必经步骤。多数汉语作为第二语言学习者熟悉的是拼音文字，使用拼音文字已经成了他们的习惯，由使用拼音文字到学习汉字，就是要改变文字习惯。改变习惯的第一步就是要让他们了解和掌握汉字的笔画。习惯的改变是最难的，所以在笔画学习上多下些工夫是完全必要的，不应该认为是额外增加学习负担。况且，汉字 28 个笔画的名称只包含 8 个概念，即：横、竖、撇、捺、点、提、弯、钩。这 8 个概念既是笔画的名称，也是笔画形状和笔画书写方法的名称，这些名称也是必须学习的常用概念。学习笔画名称可以练习发音，笔画名称的教学应成为发音练习的一项重要内容。有形的笔画本身就是直观教具，教笔画的名称，实际上就是利用笔画本身做直观教具，把笔画名称概念的形音义统一起来。

帮助学生记忆笔画名称的一种有效的方法是在教学笔画和笔顺时让他们跟着老师唱读（全班一起像唱歌那样大声朗读）和空写（用手指凌空书写）。用这样的方法可以营造轻松的课堂气氛。在这种气氛中唱读和空写，口腔和声带都可以放松，不但容易达到发音准确，而且能在多次重复中不知不觉地记住笔画的名称。

### 2. 部件教学系统

要使汉字教学变无序为有序，除了必须建立起科学的笔画教学系统以外，还必须建立起科学的部件教学系统。科学的部件教学系统应包括以下内容：

#### 2.1 循序渐进

部件教学的循序渐进就是按照由简单到复杂的顺序进行部件教学。部件教学由简单到复杂，就是先教基本部件，由基本部件到基本复合部件再到多重复合部件。由笔画与笔画直接组合生成的是基本部件，由笔画与基本部件组合生成，或者由基本部件与基本部件组合生成的是基本复合部件，大于基本复合部件的是多重复合部件。

#### 2.2 有选择性地介绍部件的表义和表音作用

部件的表义和表音作用有助于理解和记忆汉字，因此，介绍部件的表义和表音作用不但是部件教学的一项重要内容，而且也是整字教学的一项重要内容。不过，并不是所有的部件都具有表义或表音作用，有些部件虽有表义或表音作用，却不一定在所有的汉字中都能表义或表音。因此，我们主张介绍部件的表义和表音作用，并不是要求解释每一个部件的读音和意思。介绍部件的表义和表音作用是为了帮助学生理解和记忆汉字，只有需要并且能够帮助学生理解和记忆汉字的时候，介绍部件的表义和表音作用才有意义。

2.3 要求记住重点部件的名称和称说

这里所说的重点部件，是指常用的非整字基本部件。据初步统计，常用非整字部件只有 70 多个。要求记住重点部件的名称和称说不是额外增加学习负担。原因是：所有部件的核心概念只有 7 个，即：部、头、旁、边、底、心、框，这 7 个概念也是必须学习的常用概念；需要记住名称和称说的部件数量不多，出现频率却很高，记住了它们的名称和称说，可以加快对汉字的理解和记忆。学习部件的名称和称说也可以采用“唱读”的办法，跟笔画“唱读”一样，部件“唱读”也可以练习发音，也应当作为语音练习甚至口头汉语练习的一项内容，这有助于培养口头表达能力。

## 3. 整字教学系统

整字教学系统要通过汉字教学大纲来建立，并在教材和课堂教学中加以贯彻。根据组合汉语对汉字的解释，汉字教学大纲要包括下列内容：

3.1 数量目标

前面说过，现代汉语中 2500 个最常用汉字的覆盖率可以达到 99% 以上。因此，无论是第一语言教学还是第二语言教学，都可以把 2500 个最常用的汉字作为汉字教学的数量目标。原因是：学会了 2500 个最常用的汉字，阅读非专业书刊就基本上没有文字障碍了；即使遇到个别没有学过的汉字，也可以根据字形猜到字义，在上下文中猜测字义的把握性更大；掌握了 2500 个最常用的汉字，就具备了查字典的能力，即使阅读专业书刊，也可以通过查字典解决生字问题。不过，教材中出现的汉字不可能都是最常用的，必须给教材编者留有一定的自选汉字的余地。教材编者自选的汉字，有 500 个也许就已足够，这 500 个汉字由教材编者根据教材编写的需要自行选择，不必列入汉字教学大纲。制定汉字教学大纲是为了给教学设计和教材编写提供参照，需要列入大纲的是 2500 个最常用的汉字。

3.2 字形结构分类

如前所述，汉字的字形结构有基本结构和复合结构之分，复合结构又有基本复合结构和多重复合结构之分。字形为基本结构的汉字是基本字，字形为基本复合结构的汉字是基本复合字，字形为多重复合结构的汉字是多重复合字。字形结构不同，就意味着复杂程度不同，区分字形结构就是为了便于根据由简单到复杂的原则教学汉字。由简单到复杂，就是先教基本字，再教基本复合字和多重复合字。在汉字教学大纲中，应分别标明基本字、基本复合字、多重复合字。一课书中的生字选择不但要考虑数量，而且要考虑难易程度，在教学大纲中列出汉字的字形结构，可以帮助编教人员更好地选择生字。

3.3 表义和表音方法分类

汉字教学大纲中的汉字表除了要根据常用度排序并标明字形结构类型以外，还应标明有关汉字的表义和表音方法，以便帮助编教人员更好地选择和解释生字。以“六书”为主要依据，同时参考杨洪清和朱新兰补充的“四书”，我们暂且把汉字的表义和表音方法分为以下八种：

（1）象形（日、月）
（2）指事（上、下）
（3）会意（从、众）
（4）存意（观、释）
（5）形声（城、功）
（6）存音（宪、胜）
（7）假借（来、求）
（8）记号（归、乡）

以上八种表义和表音方法也应在汉字教学大纲中标明。记号字的表义和表音方法属于一字一音、一字一义，只能一个一个地死记硬背。

## 4. 笔画教学、部件教学与整字教学的科学统一

笔画教学和部件教学都不应孤立地进行。笔画和部件是整字的生成元素，笔画教学和部件教学都必须为整字教学服务，与整字教学相结合。如果不为整字教学服务，不与整字教学相结合，笔画教学和部件教学就毫无意义。要使笔画教学和部件

教学为整字教学服务，与整字教学相结合，就必须做到笔画教学、部件教学和整字教学的科学统一。笔画教学、部件教学与整字教学的科学统一，主要包括笔画教学与基本结构、基本字教学的科学统一，部件教学与复合结构、复合字教学的科学统一。下面分别说明：

4.1 笔画教学与基本结构、基本字教学的科学统一

基本结构、基本字教学必须从笔画教起，笔画教学必须为基本结构、基本字教学服务。从总体上说，笔画教学与基本结构、基本字教学是完全一致的，但是要注意科学搭配。对有一定汉字基础的学生，如日本学生和韩国学生以及其他学过一点汉字的学生，可以按照难易程度的顺序一次性教完28个笔画，接着按照由简单到复杂的原则教学基本字和相对简单的基本复合字；对从未学过汉字的学生，则应当按照难易程度排序，教完一个或几个笔画就接着教用这些笔画组成的汉字。例如，教完笔画“一”(横)、“丨”(竖)，接着教汉字“一、二、三、十”，教完“丿”(撇)、“㇏”(捺)，接着教“八、人”。把笔画与汉字搭配起来教的好处是：学生能及时看到笔画与整字的关系；每次学习的笔画数不多，容易记住；学了一个或几个笔画之后就学习整字和由学过的整字组合生成的词语，容易产生成就感，也不会觉得汉字难学。

4.2 部件教学与复合结构、复合字教学的科学统一

复合结构、复合字教学必须以部件教学为基础，部件教学必须为复合结构、复合字教学服务。从总体上说，部件教学与复合结构、复合字教学也是一致的，但是在基础阶段，需要注意部件与整字的科学搭配。这里所说的科学搭配，是指要保证新教的复合结构、复合字中包含的新部件不超过一个，同时要保证部件类型的覆盖面，在基础阶段教完“部头、部旁、部边、部底、部心、部框”等不同类型的部件。只有这样，才能为以后的汉字学习打好基础。

4.3 基础阶段的整字选择

基础阶段的整字选择不但是建立科学的汉字教学系统的关键，而且也是建立科学的汉语教学系统的关键。这是因为基础阶段的整字选择，关系到能不能把汉语教学的科学性和交际性统一起来，能不能用汉字教学系统去统领整个汉语教学系统，发挥汉字教学“牛鼻子”的作用。基础阶段的整字选择首先要保证汉字本身的教学能循序渐进，汉字本身教学的循序渐进就是先教基本字，由基本字到基本复合字再到多重复合字。基础阶段整字的选择还要满足笔画教学和“以字组词”教学的需要。满足笔画教学的需要，就是满足循序渐进地进行笔画教学的需要，循序渐进地进行

笔画教学，就是由基本笔画到基本复合笔画再到多重复合笔画。满足“以字组词”的需要，就是用所选汉字组成的词不但本身是常用的，而且能满足“以字词组句”的需要；满足“以字词组句”的需要，就是用所选的字词组成的句子不但是常用的，而且也符合循序渐进地进行句法教学的需要；循序渐进地进行句法教学，就是在基础阶段先教常用的基本句，所教的基本句如能尽快组成成套用语就更好。基础阶段的整字选择只有既能满足汉字本身教学的需要，又能满足笔画教学、“以字组词”和“以字词组句”的需要，才能把汉语教学的科学性和交际性统一起来，才能用汉字教学系统去统领整个汉语教学系统。这虽然很难，但是只要精心选择和搭配，是可以做到的。基础阶段之后，汉字的选择就有了较大的自由空间，只需要考虑常用性和单位教学时间内的生字数量，不必再考虑字形结构的难易程度。

4.4 由简单到复杂的衡量标准

笔画教学、部件教学和整字教学，由笔画到部件到整字的组合教学，都必须贯彻由简单到复杂的原则。只有都贯彻这一原则，才能实现科学统一。前面说过：笔画教学由简单到复杂就是先教基本笔画，再教基本复合笔画和多重复合笔画；部件教学由简单到复杂就是先教基本部件，再教基本复合部件和多重复合部件；整字教学由简单到复杂就是先教基本字，再教基本复合字和多重复合字。为了避免误解，还要补充说明：强调由简单到复杂，不是说要先教完所有的基本笔画、基本部件和基本字以后才能教复合笔画、复合部件和复合字。笔画教学和部件教学是为整字教学服务的，必须与整字教学相结合，而整字教学又必须做到“以字组词、以字词组句、以句组篇”。因此，不但整字的选择要兼顾笔画教学和部件教学的需要，笔画和部件的选择也要兼顾整字教学的需要。这就需要明确由简单到复杂的衡量标准。我们的衡量标准是：新教的笔画中只包含一个新概念，新教的基本结构、基本字中只包含一个新的笔画，新教的复合部件、复合字中只包含一个新的基本部件。只要这样，就不算违背由简单到复杂的原则。例如：学过基本笔画“一”(横)和“丨”(竖)之后，复合笔画“乛”(横钩)、“亅”(竖钩)、“𠃌”(横竖钩)、“㇄”(横竖横钩)，都只包含“钩”一个新概念，在这几个笔画之中无论先教哪一个，都不算违背由简单到复杂的原则。此外，“㇀”(提)虽然是个基本笔画，但是不可能出现在基本字之中，只有教复合字时才能教“㇀”(提)(带“㇀”的“我”属于特殊结构基本字)。这就进一步说明，不但不应当，而且也不可能要求先教完全部基本笔画之后再教复合笔画。又如：“语”是个多重复合字，其中的“吾”是个复合部件。如果已经学过“五”和“口”，

“语”中就剩下“讠”一个新的基本部件，直接教“语”就不算违背由简单到复杂的原则。难易程度不但表现在字形结构类型上，而且表现在字形结构特点上。例如：同样是基本复合字，“衣”和“从”的难易程度就有明显的差别；同样是多重复合字，“襄”和“众、品、晶”的难易程度也有明显的差别。由简单到复杂，同类结构的复杂程度也是要考虑的因素。

贯彻由简单到复杂的原则，要特别注意使用“以旧带新”的方法。以旧带新就是利用旧知识引进新知识，在学习新知识的同时复习旧知识。无论多么复杂的汉字，都是由笔画和部件组合生成的，利用学过的笔画和部件进行组合，就能化难为易。例如：如果已经学过整字或部件“土”，教“老”中的“耂”就要提示在哪儿学过“土”；如果也学过“北”，教“老”中的“匕”还要提示在哪儿学过“匕”；掌握了“耂、匕”，不但学习“老”不难，而且还复习了“土”和“北”。这既是以旧带新，也是温故知新。汉字的笔画、部件和整字看似复杂，数量却有限，通过不断的以旧带新和温故知新，就能在不知不觉中逐渐达到巩固和熟练。

# 第六讲　词法和词法教学

一、名词的生成方式、组合关系和词义结构特点

二、动词的生成方式、组合关系和词义结构特点

三、静词的生成方式、组合关系和词义结构特点

四、词语生成方式、组合关系和词义结构特点的多样性

五、词法教学的要点

汉语的词法系统包括词型和词类，以及词语的生成方式、组合关系和词义结构特点。这些也就是词法教学的依据。前面已经讨论过词型（基本词、基本复合词、多重复合词）和词类（名词、数词、量词、动词、静词、状词、连词、助词），这一讲讨论词法和词法教学，暂且拿名词、动词和静词做实例，说明词语的生成方式、组合关系和词义结构特点，在此基础上，再讨论基于词法系统的词法教学的要点。

## 一、名词的生成方式、组合关系和词义结构特点

具有名字性质的词语是名词。根据不完全统计，名词至少有名 + 名、名 + 动、数 + 名、动 + 名、静 + 名、静 + 动、附加式、重叠式等 8 种生成方式，下面举例说明名词的这 8 种生成方式以及它们的组合关系和词义结构特点。

### 1. 名 + 名

意思相关的名字可以互相组合，生成“名名结构”名词。下面举例说明“名名结构”名词的组合关系和词义结构特点。

1.1 并列关系

词语的并列关系是指同类字词意思并列的组合关系。表示并列关系的“名名结构”名词，词义结构至少有以下特点：

（1）词义是参与组合的名字的字义相加。可以用“和、与”等连字连接并列成分，或者用顿号把并列成分隔开。例如：

花草　军民　前后　左右　上下　里外
花和草　春天和秋天　父与子　春、夏、秋、冬

（2）词义与参与组合的一个名字的字义相同或相近。例如：

国家（国）　人口（人）　树木（树）　上面（上）　地方（地）
人民（民）　身体（体）

（3）词义为引申义、比喻义或转义。大多数字词都具有多义性，有些词义属于引申义、比喻义或转义。下面是表示引申义和比喻义的名词的例子。

山水：由山和水引申为画山水风景的画儿。

手足：用手和足比喻弟兄。

股肱：用股（大腿）和肱（胳膊）比喻左右辅助很得力的人。

牛马：用牛和马比喻卖苦力而地位低下的人。

字义或词义具有引申义、比喻义和转义不是汉语独有的现象，其他语言也是如此。因此，只要在教材的字词表中进行对译就可以帮助学生理解。引申义、比喻义和转义也是意合，是意合的一种特殊方式，而不是非意合现象。

表示并列关系的“名名结构”名词，词义如果包含整体与部分的关系以及长幼、尊卑的关系，字序是“整体”在前，“部分”在后，长者、尊者在前，幼者、卑者在后。例如：

国家　父子　姐妹　师生　君臣　主仆

表示并列关系的“名名结构”名词，如果涉及男女的排序，字序总是男前女后。例如：

男女　父母　公婆　夫妻　子女

1.2 定中关系

定中关系是指词内限定成分跟中心成分的组合关系。这里的“定”是“限定”的意思，不是“定语”的意思。表示定中关系的“名名结构”名词，词义结构至少有以下特点：

（1）限定成分说明中心成分的内容、类别、特点等。例如：

汉语　厂长

农民工　北京人　电影节　黄金周　妇女运动　国家建设

动物园　图书馆　语言学院　计算机系

脸色　春雨　鸡蛋　鸭蛋　母校　鲤鱼

电器　火车　海员

垂暮之年

（2）限定成分说明中心成分的质料、用途等。例如：

木梳　丝袜　布鞋　毛衣　铁器　钢板　砖瓦房

商场　食品店　会议室　体育馆　住宅楼

表示定中关系的“名名结构”名词，词义如果包含整体与部分的关系，字序也是“整体”在前，“部分”在后。例如：

北方　山区　床上　桌面　房顶　教室里
中国地图　意大利面条　日本料理　天安门广场　北京市海淀区

（3）词义为比喻义。例如：

水晶：是用“洁净如水”比喻的一种物体。
眼线：是用“与眼连线”比喻的暗中探秘的人。
心病：用“心中之病”比喻心中牵挂着的难题。
镜花·水月：用“镜中之花和水中之月”比喻有形无实，可望而不可得。
杯水·车薪：比喻用一杯水去灭一车着了火的柴，表示数量太少，无济于事。

2. 名＋动

名字可以与意思相关的动字相组合，生成“名动结构”名词。下面举例说明“名动结构”名词的组合关系和词义结构特点。

2.1 定中关系

表示定中关系的“名动结构”名词至少有以下词义结构特点：

（1）名字是动字动作的对象、内容等。例如：

① 书展　房管　环境保护　教育投资　经济发展
② 市场营销　平面设计　总体规划

在上面的例子中，例①的名字是动字动作的对象，例②的名字是动字动作的内容。其中的动字实际上具有名字的性质，也可以认为是由动字兼类的名字。如果作为兼类名字，就可以把这类名词归入“名名结构”名词。

（2）词义是转义。例如：

手套　手铐　锅贴　火烧　铁板烧　创可贴

上例中的“手套、手铐”是用品，并说明使用方法；“锅贴、火烧、铁板烧”都是食品，同时说明制作方式；“创可贴”是一种药品，同时说明使用范围和使用方法。

2.2 主述关系

主述关系即主体和述体的组合关系，也就是陈述的对象与陈述的关系。表示主述关系的“名动结构”名词，词义结构的主要特点有：

（1）名字是施动者。例如：

地震　海啸　冬至　霜降　圣诞　心跳　水流　军需　音响　民主　天赋

（2）名字是受动者。例如：

日食　位置

3. 数＋名

数字可以跟意思相关的名字相组合，生成“数名结构”名词。“数名结构”名词可以表示定中、并列等关系，词义结构至少有以下特点：

（1）数字说明它后面的名字所代表的人或事物的数量。例如：

两家　三口　四季　五天　八国　八仙　五官　三军　三角　五星　五十年　六十五岁　三十六计

（2）数字说明它后面的名字所代表的人或事物的次序。例如：

三弟　五月　二十一世纪

在上面的例子中，“三弟”是兄弟姐妹中排行第三的弟弟，“五月”是一年的第五个月，“二十一世纪”是公元第二十一个世纪。

放在名字后面的数字也代表次序。例如：

张三　星期六

在上面的例子中，“张三”是姓张、在兄弟姐妹中排行第三的人，“星期六”是一个星期的第六天。

（3）数字代表概数或范围。例如：

五金（泛指金属，不限于“金、银、铜、铁、锡”五种）
三言两语（形容说得不多）　一年半载（指大致的时间）
五湖四海（泛指广大的区域）

“数名结构”名词如果由两个以上的“数名结构”组合生成，“数名结构”的次序是由大到小。例如：

三月八号　一九四九年十月一日　八楼九层十二号
一排数十株乌桕树

4. 动 + 名

动字可以与意思相关的名字相组合，生成“动名结构”名词。“动名结构”名词一般也表示定中关系，词义结构至少有以下特点：

（1）动字说明名字的性质、特点等。例如：

学校　教室　工厂　劳动力　见面会
动画　飞机　成语　作品
犯罪现场

（2）动字代表用途。例如：

食品　泳装　睡衣　夹板
望远镜　起重机　计算器　写字板　运动场　工作室
注意事项　作息时间　开会地点　建筑材料

（3）指人的“动名结构”名词，动字说明名字的身份。例如：

学生　作家　司机　服务员

5. 静 + 名

静字可以与意思相关的名字相组合，生成“静名结构”名词。“静名结构”名词一般也表示定中关系，词义结构至少有以下特点：

（1）静字说明名字的性质、特点、类别等。例如：

美女　红花　新年　长城　方面·大耳
好地方　知名度　成功者　有趣的故事
副厂长　年轻人

（2）词义为引申义、比喻义或转义。例如：

红娘　白菜　小时　小人　坏蛋

老师　老板　老爷子　老公　老婆

在上面的例子中，“红娘”不是指红色的娘，而是指为男女爱情或婚姻牵线的人，是用文学作品中的一个起同样作用的人作比喻，属于比喻义。“白菜”中的“白”不是特指白色，而是指类别，“白菜”是菜的一种。“小时、小人”中的“小”也是指类别，而不是指细小。“小时”是指特定的一段时间，“小人”是指品质不好的一类人。“坏蛋”不是指坏了的蛋，而是指不好的人。“老”不是指年老，而是用于表示尊敬或亲热。“老师”是对教师的尊称，“老板”是对经营单位资产拥有者的尊称，“老爷子”是对老年男人的尊称，“老公”是对丈夫的昵称，“老婆”是对妻子的昵称。

### 6. 静＋动

静字可以与意思相关的动字相组合，生成“静动结构”名词。“静动结构”名词一般表示定中关系，词义结构特点是静字说明动字动作的特点。例如：

新闻　旧交　远见

上面例子中的动字也具有名字的性质，也可以看做是动字的兼类名字。如果作为兼类名字，就可以把“新闻、旧交、远见”归入静名结构名词。

### 7. 附加式

在朋友、同事等的姓氏的前面加“老、大、小”，在名字、动字、静字的后面加“们、子、儿、的”，就生成附加式名词。举例说明如下：

（1）老（大、小）＋名（姓氏）。在朋友、同事等的姓氏前加“老”（大、小）生成名词，作为称呼或称谓，表示亲切。其中“老”一般用于中年以上的人，“大”一般用于中年人，“小”一般用于年轻人。例如：

老赵　大王　小郑

（2）名＋们。在指人的名字后面加“们”，生成复数名词。例如：

我们　你们　他们　人们　朋友们

“们”是指人名词的复数标记，带“们”的名词前面不能再用表示数量的词语。

如果名字的前面有表示数量的词语，后面就不能加“们”，例如，不能说“三个朋友们、很多朋友们、各位朋友们”。这也体现了汉语词语的“意合”特点，如果前面有表示复数的数量词语，再用“们”就是不必要的重复。

（3）名（动）+子（儿）。有些名字、动字的后面可以加“子、儿”，生成附加式名词。“子、儿”读轻声，是名词标记。例如：

儿子 老子 妻子 桌子 帽子 房子 村子 本子 面子 里子
锯子 凿子 梳子
花儿 桃儿 苗儿 盖儿 画儿 女儿 蛐蛐儿

在古代汉语中，“子”有特指学者的意思，也是对男人的美称，如“老子、孔子、诸子”等。现代汉语中用来指人，尤其是年轻人，包括女人，也有美称的意味。例如：

孝子 学子 男子 女子

上面例子中的“子”要读第三声原调。“孝子”是对特别孝敬家庭长辈的男人的美称，“学子”是对学生的美称，“男子、女子”是对年轻男女的美称。

（4）动+的。在动字后面加“的”，可以生成“动的结构”名词，“的”是名词标记。例如：

吃的 喝的 穿的 生吃的
煎的 红烧的 清蒸的 仿造的
铁打的 纸糊的
开车的（汽车司机） 教书的（教师）
经商的（做生意的人） 卖煤的（卖煤的人）
看笑话的（指幸灾乐祸的人）
吃闲饭的（指只享受不做事的人）
生产食品的（人、工厂、地方等）
花钱最多的（人、时候、地方、项目等）

指人的“动的结构”名词如果是特指从事某种职业的人，多半含有贬义。例如，“教书的”是对教师的贬称，“经商的”是对商业工作者的贬称，“开车的”是对汽车司机的贬称。

8. 重叠式

有些名字可以重叠，生成重叠式名词。重叠式名词的词义结构特点有：

（1）重叠后意思不变。例如：

爸爸＝爸　妈妈＝妈　哥哥＝哥　姐姐＝姐
妹妹＝妹　叔叔＝叔　姨姨＝姨

（2）重叠后的意思是“每一个”、“所有的”或“众多的”。例如：

家家　人人　个个　天天　月月　年年　事事　处处
日日夜夜　时时刻刻　分分秒秒　家家户户　方方面面
形形色色　条条框框

## 二、动词的生成方式、组合关系和词义结构特点

具有动字性质的词语是动词。汉语的动词至少有“动＋动、动＋名、动＋静、名＋动、静＋动、状＋动、重叠式”等7种生成方式，下面举例说明这7种生成方式以及它们的组合关系和词义结构特点。

1. 动＋动

意思相关的动字可以互相组合，生成“动动结构”动词。下面举例说明“动动结构”动词的组合关系和词义结构特点。

1.1 并列关系

表示并列关系的“动动结构”动词，词义结构至少有以下特点：

（1）由字义相同或相近的动字组合生成的“动动结构”动词，词义与参与组合的一个动字的字义相同或相近。例如：

观看　站立　比赛　表演　打击　设施
学习　团圆　竞争　出现　喜欢　给予　斗争　批评　改革　开放
行动　举措　作为
洗澡　游泳

我们把“洗澡、游泳”归入“动动结构”动词，是因为在古代汉语中，“澡”、

“泳”都是动字，在现代汉语中，“洗澡、游泳”的词义结构特点跟“观看、学习、行动”等相同。可是，人们好像已经把“洗澡”跟“洗衣服”同等看待，把“游泳”跟“游长江”同等看待，在不知不觉中，就把“澡”和“泳”当成了名字，通行“洗个澡、游一下泳”等说法，“洗洗澡、游游泳”也就跟“打打球、散散步”成了同样的结构方式。不过也有人不解：“澡”和“泳”到底是什么东西？也许可以认为：“洗澡、游泳”是兼有“动名结构”特点的“动动结构”不及物动词。

（2）由字义相反或相对的动字组合生成的“动动结构”动词，词义是参与组合的动字的字义相加。例如：

来去　往返　上下　进出　进退　收支　成败　吃喝　打闹
买和卖　前进或后退　上去还是下来
关停并转　观看并选出

（3）词义为比喻义、引申义或转义。例如：

担当　推敲　捉摸　生活　锻炼

1.2 定中关系

表示定中关系的“动动结构”动词，前面的动字说明后面的动字动作的方式、内容、趋向等。例如：

复习　代表　乘以　旅行　游行　改嫁　投资策划
出行　出嫁

1.3 动受关系

动受关系是指动作与动作接受者的组合关系。表示动受关系的“动动结构”动词，后面的动字是前面的动字动作的对象或内容。例如：

观战　看演出　练习写字　组织参观　欢迎参加　拒绝出席

1.4 动结关系

动结关系是指动作与动作结果的组合关系。表示动结关系的“动动结构”动词，词义结构特点是后面的动字的动作是前面的动字动作的结果。例如：

冻成　饿死　住在　来到　成为　留下　补上　分给
写完　看见　当做　抓住　让开　打造成

状态助字“了、着、过”由动字发展而来，带“了、着、过”的状态动词也表示动结关系，如“来了、挂着、想过”都包含结果义。

“旅行、游行、游泳、洗澡、团圆、工作、竞争、竞赛、退休”等“动动结构”动词是不及物动词。不及物动词不能带受动者名字，后面如果带有名字，就成为表示定中关系的“动名结构”名词，其中的名字不是受动者，而是前面的“动动结构”动词限定的对象。例如：

旅行社　游泳池　洗澡盆　团圆饭

游行队伍　工作单位　竞争对手　竞赛场地　退休人员

1.5 连动关系

连动关系是指由同一施动者发出两个或多个相关的连续动作的组合关系。表示连动关系的“动动结构”动词，词义结构至少有以下特点：

（1）前面的动字是后面的动字动作的方式、原因、条件等。例如：

退休　生病住院　在家休息　有时间看朋友　放学回去碰上

坐飞机来北京　结合汉语实际做一些探索性的研究工作

种瓜得瓜　杀人偿命　交钱提货

（2）后面的动字是前面的动字动作的内容。例如：

想看　愿意参加　喜欢跳舞　有利于进步　给你买

（3）后面的动字说明前面的动字动作的目的、结果等。例如：

来看　去吃饭　上去看看　进来坐坐

回家过年　上街买东西　出国旅游　进城看朋友　去图书馆借书

包饺子吃　买衣服穿

去找杨三奎和自己两个人做保（赵树理，《李家庄的变迁》）

（一缕情丝，竟然就此）飘过去粘在他的身上。（金庸，《射雕英雄传》）

1.6 连锁关系

连锁关系是指由不同的施动者发出两个或多个相关的连续动作的组合关系。表示连锁关系的“动动结构”动词，词义结构有以下特点：

（1）前面的动词动作的对象是后面的动词动作的施动者。例如：

给你吃　送他回家　让大家坐下　带我们去参观　教我们学汉语
指导学生写论文
请客吃饭　请他进来　送他出城　赦他无罪　问他叫什么名字
看见一个人游泳游得非常好　叫他给办公室打电话
要我替他向您问好
使他憋闷得慌　见她脸如白纸　叫大家宣誓不当汉奸
先拨几个保卫团丁送他们走
使这个拥有两亿人口的广大地带较快地先发展起来

（2）“有名动结构”也属于连锁关系，其词义结构特点是：中间的名字是后面的动字动作的施动者或受动者。例如：

① 有人住　没有人买　有贵客来　有横祸飞来
② 有福享　有饭吃　没有房子住

在上面的例子中，例①中间的名字是后面的动字动作的施动者，例②中间的名字是后面的动字动作的受动者，也代表用途。

1.7 主述关系

前面的动字结构说明一种情况，后面的动字结构说明做什么、怎么样。例如：

爱民－如子　欲罢－不能　把人－不当人
把老朋友－忘了　没吃饱－自然要再吃

## 2. 动＋名

动字可以与意思相关的名字相组合，生成“动名结构”动词。下面举例说明“动名结构”动词的组合关系和词义结构特点。

2.1 动受关系

表示动受关系的“动名结构”动词，词义结构至少有以下特点：

（1）名字是动字动作的对象、内容等。例如：

① 开门　看书　上街　回家　进城　过河　见面　除名　爱美　叫张强　考老师　考物理　乘以九　有三英里　参观工厂　学习汉语　复习功课　锻炼身体　发展经济　喜欢春天　酷爱自由

②上课　开会　写字　造桥　生产食品　兴建廉租房

③动心　动情

④感人　迷人

⑤开花　长草　下雨　出太阳

上述各组动词的词义结构特点不完全相同。例①和例②的区别是：例①的名字所代表的事物都是现实存在，例②的名字所代表的事物要通过动字的动作才能出现。例①中的“锻炼身体”是使身体得到锻炼，“发展经济”是使经济得到发展，“锻炼、发展”是“使动词”。例③的名字是施动者，“动心”是“心动”，“动情”是“情动”。例④的动字是使动字，“感人”是使人感动，“迷人”是使人着迷。例⑤的动字都是自动字，动字后面的名字是施动者。

（2）名字代表动字动作的目的。例如：

考大学　考研究生　考公务员

上面的“考大学”是为了上大学，“考研究生”是为了成为研究生，“考公务员”是为了成为公务员。

（3）名字是动字动作的处所。例如：

溜冰　滑雪　航海　住院　出国　起床

在上面的例子中，“冰、雪、海、院、国、床”都代表处所。“溜冰”是在冰上运动，“滑雪”是在雪上滑行，“航海”是在海上航行，“住院”是在医院里住，“出国”是从本国出去，“起床”是从床上起来。

（4）名字是动字动作的方向。例如：

向东　朝南　靠前　往后

在上面的例子中，“东、南、前、后”是方位名字，代表动字动作的方向。

（5）动字后面有两个受动者名字，前面的名字代表动作的对象，后面的名字代表动作的内容。例如：

教我们汉语　给他一本书　分给他们一点东西

只有少数动字可以带两个受动者名字，这样的动字必须具有以下的字义特点：它可以把一个受动者名字作为动作的对象，把另一个受动者名字作为动作的内容。

不少第二语言学习者把“见面”当成原本性结构单位，习惯于说“见面朋友”。这跟把“见面”翻译成“meet with”有关。要向学生说明：“见面”是表示动受关系的“动名结构”动词，其中的“面”是“见”的对象；“见面朋友”中的“朋友”也是“见”的对象，同时放在“见”的后面不合语法。

动字后面的两个受动者名字，现在通行的语法书上叫“双宾语”，其中一个叫“近宾语”或“间接宾语”，另一个叫“远宾语”或“直接宾语”。这里的“远、近、直接、间接”含义不清，不能直接反映词义结构特点，让人费解。我们不采用“双宾语”的说法，还因为“宾语”是句子成分的概念。

2.2 动结关系

表示动结关系的“动动结构”动词，还可以跟意思相关的名字相组合，生成表示动结关系的“动名结构”动词，后面的名字是“动动结构”动词动作结果的内容。例如：

冻成冰　饿死很多人　住在农村　来到北京　成为专家

留下不少钱　让开一条路

等于零　写完一本书　看见很多警察　抓住一个小偷

打造成知名品牌

成了好朋友　挂着一张画儿　说过几句话

2.3 动补关系

动补关系是指动字与相关补充成分的组合关系。表示动补关系的“动名结构”动词，词义结构至少有以下特点：

（1）由动字跟数量词组合生成的“动名结构”动词（数量词和数量名短语的语法作用相当于名词，所以在讨论词语的生成方式时就把它们归入名词类，下同），数量词代表动作的数量、时间等。例如：

写三遍　走一趟　打一仗　成立于1949年

（2）由趋向动字、趋向动词、趋向短语跟指人（或动物）的数量名短语组合生成的“动名结构”动词，数量名短语是施动者。例如：

**表 17**

<table>
<tr><th colspan="3">来</th><th>两个人</th><th colspan="3">去</th><th>两个人</th></tr>
<tr><td colspan="2">上</td><td rowspan="6">来</td><td rowspan="6">两个人</td><td colspan="2">上</td><td rowspan="6">去</td><td rowspan="6">两个人</td></tr>
<tr><td colspan="2">下</td><td colspan="2">下</td></tr>
<tr><td colspan="2">进</td><td colspan="2">进</td></tr>
<tr><td colspan="2">出</td><td colspan="2">出</td></tr>
<tr><td colspan="2">回</td><td colspan="2">回</td></tr>
<tr><td colspan="2">过</td><td colspan="2">过</td></tr>
<tr><td rowspan="6">走</td><td>上</td><td rowspan="6">来</td><td rowspan="6">两个人</td><td rowspan="6">走</td><td>上</td><td rowspan="6">去</td><td rowspan="6">两个人</td></tr>
<tr><td>下</td><td>下</td></tr>
<tr><td>进</td><td>进</td></tr>
<tr><td>出</td><td>出</td></tr>
<tr><td>回</td><td>回</td></tr>
<tr><td>过</td><td>过</td></tr>
</table>

（3）由趋向短语跟指物的数量名短语组合生成的“动名结构”动词，数量名短语是趋向短语动作的内容。例如：

送过去两本书　买回来一筐苹果

由趋向短语跟数量名短语组合生成的“动名结构”动词，数量名短语也可以放在“来、去”的前面。例如：

走上来两个人　走上两个人来

送上来两本书　送上两本书来

### 3. 动 + 静

动字可以与意思相关的静字相组合，生成“动静结构”动词。下面举例说明“动静结构”动词的组合关系和词义结构特点。

3.1 动结关系

表示动结关系的“动静结构”动词，静字代表动字动作的结果。例如：

吃饱　长大　升高　降低　瞄准　拿好　抓紧　给足　补齐
充满　刷新　站稳
说明　打碎　想清楚　打扮漂亮　打扫卫生

上面例子中的“打扮漂亮、打扫卫生”具有不及物性，后面不能再跟随表示动作结果的词语。

表示动结关系的“动静结构”动词还可以与意思相关的名字、数字、数量名短语等相组合，生成“动名结构”动词。其中的名字、数字、数量名短语等是动词动作结果的内容、数量等。例如：

吃饱饭　抓紧时间　给足面子　补齐差额　刷新纪录　生满了倒刺
长高三米　写对五个汉字　唱好每一支歌　想清楚这几个问题

3.2 动补关系

表示动补关系的“动静结构”动词，静字说明动字动作的状况、内容等。例如：

走好　看重　得之偶然　恢复疲劳

我们可以用“吃饱、走好”区分“动静结构”中的动结关系和动补关系。“吃饱”的意思是“吃”以至于“饱”，“走好”的意思不是“走”以至于“好”，而是“好好地走”。同样，“恢复疲劳”的意思不是“恢复”以至于“疲劳”，而是“从疲劳中恢复过来”。

“恢复疲劳”的组合关系比较特别，这跟“恢复”和“疲劳”的词义搭配有关。“恢复”也是“使动词”，是“使回到原状”的意思。只有失去原状的东西才能回到原状，才能与“恢复”搭配。例如，我们可以说“恢复自由、恢复外交关系”。“恢复自由”的意思是：原来是自由的，后来失去了自由，要通过“恢复”才能使自由回到原状。“恢复外交关系”的意思是：原来有外交关系，后来失去了，要通过“恢复”才能使外交关系回到原状。“疲劳”是因为过于劳累而使体力失去了原状，只有通过“恢复”，才能使体力回到原状。“恢复疲劳”就是从过于劳累中恢复过来，使体力回到原来的状况。为什么不说“恢复体力”？“恢复体力”也合语法，不过跟“恢复疲劳”的意思不同。体力的消耗有可能出于病痛等其他原因，因此，“恢复体力”不能准确地表示“从过于劳累中恢复过来”。这个例子正好说明：一个词语的词义的形成，就是这个词语的构成成分的意思互相搭配的结果。我们说汉语的组合是意义的组合，这是根据之一。

### 4. 名＋动

名字可以与意思相关的动字相组合，生成“名动结构”动词。下面举例说明“名动结构”动词的组合关系和词义结构特点。

4.1 主述关系

表示主述关系的“名动结构”动词，词义结构有以下特点：

（1）名字代表施动者，动字代表施动者的动作行为。例如：

日出　国有　自习　自杀　自治　自慰　家教（不严）　人为
刀枪不入　能者多劳　上行·下效　面如白纸

（2）名字代表受动者，动字代表对受动者施加的动作行为。例如：

① 分秒必争　寸步不让
② 法制　城管　河道清理　项目开发　土地利用

上面例②中的动字也可以认为是由动字兼类的名字，如果认为是名字，也可以归入“名名结构”名词。

（3）名字代表受述者，动字说明受述者的状况、特点等。例如：

南方有灾　明天下雨　多方受益　三人为众　刀下留人

4.2 定中关系

表示定中关系的“名动结构”动词，词义结构至少有以下特点：

（1）名字是动字动作的内容、特点等。例如：

法定　军训　春耕　秋收

我们可以用“法制”和“法定”区分“名动结构”动词的主述关系和定中关系。“法制”是“制法”，“法定”不是“定法”，而是“法律规定”。同样，“军训”不是训练军队，而是军事方面的训练，“春耕”不是耕种春天，而是在春天耕种，“秋收”不是收割秋天，而是在秋天收割。因此，“法定、军训、春耕、秋收”是定中关系，不是主述关系。

（2）名字是动字动作的方向。例如：

东流　西行　南下　北上　南来·北往　东张·西望

5. 静＋动

静字可以与意思相关的动字相组合，生成“静动结构”动词。“静动结构”动词一般表示定中关系，词义结构特点是静字说明动字动作的方式、特点等。例如：

简称　大写　真想　热爱　难吃　好看　长跑　苦练　哀求
高呼　暗恋　明抢
早来　晚走　迟到　少说　多做　猛吃　狠打　密布　高攀
慢走　快跑　远离
强迫　松绑　假装　乱弹琴
平安到达　友好往来　好久不见
仔细检查（细查）　真诚邀请（诚邀）　和平发展　顽强拼搏
稍足自慰
着急地说　愤怒地喊道　不紧不慢地走　热情地会见了我们
好自为之　大有作为　美不胜收

6. 状＋动

状字可以跟意思相关的动字相组合，生成“状动结构”动词。“状动结构”动词也是表示定中关系，状字是限定成分，动字是中心成分。词义结构特点是状字说明动字动作的状况。例如：

也来　常去　唯见　都有　都在　忽觉　很愿意　常常说
一定去　刚刚走　最喜欢
同样喜欢　非常热爱　已经动身

在“状动结构”动词中，作为限定成分的“也、都”可以连用，字序是“也都”，不是“都也”。中心成分如果是否定式，“也都”要放在否定字词的前面。例如：

也都来　也都不来
也都是　也都不是

也都在　也都不在

也都有　也都没有

### 7. 重叠式

有些动字可以重叠，生成重叠式动词。下面举例说明重叠式动词的生成方式和它们的词义结构特点。

7.1 动字重叠

动字重叠有两种方式：

（1）AA 式。例如：

想想　看看　走走　尝尝　玩玩　笑笑

（2）A 一 A 式。例如：

想一想　看一看　尝一尝　走一走　玩一玩　笑一笑

7.2 动词重叠

动词重叠也有两种方式：

（1）ABAB 式。例如：

考虑考虑　规划规划　学习学习　休息休息

（2）AABB 式。例如：

进进出出　来来往往　打打闹闹　打打停停　哭哭啼啼

动字和动词重叠有强化字义和词义的作用，重叠后的意思跟参与重叠的字词的字义和词义有关。如果动字、动词的字义、词义具有严肃性，重叠后多半表示认真地做，如"想想、想一想、考虑考虑"；如果动字的字义有轻松的特点，重叠后就表示轻松地做，如"笑笑、笑一笑、休息休息"。"AABB"重叠式动词具有不及物性，多半表示动作反复而频繁。

## 三、静词的生成方式、组合关系和词义结构特点

具有静字性质的词语是静词。汉语的静词至少有"静 + 静、静 + 名、静 + 动、

名＋静、状＋静、动＋名、重叠式”等7种生成方式，下面举例说明这7种生成方式的组合关系和词义结构特点。

### 1. 静＋静

意思相关的静字可以互相组合，生成“静静结构”静词。下面举例说明“静静结构”静词的组合关系和词义结构特点。

1.1 并列关系

意思相关的静字可以互相组合，生成表示并列关系的“静静结构”静词。表示并列关系的“静静结构”静词至少有以下词义结构特点。

（1）由字义相同或相近的静字组合生成的“静静结构”静词，词义与参与组合的一个静字的字义相同或相近。例如：

美好　稀少　和平　悲哀　长久　广大　明亮　寒冷

（2）由字义相对的静字组合生成的“静静结构”静词，词义是组成成分的字义相加。例如：

稀缺　敏锐　清澈　红润　悲愤　轻松愉快　聪明漂亮

（3）由字义相反的静字组合生成的“静静结构”静词，词义有正反对照的特点。可以在静字的前面加“不”，重叠起来表示程度适中。例如：

长短　不长不短
高低　不高不低
大小　不大不小
好坏　不好不坏
多少　不多不少
远近　不远不近
快慢　不快不慢
冷热　不冷不热

（4）词义为引申义、比喻义或转义。例如：

冷清　清白　圆滑　浅薄

1.2 定中关系

有些静字可以跟意思相关的其他静字相组合，生成“静静结构”静词，表示定中关系。表示定中关系的“静静结构”静词，前面的静字表示后面的静字字义的特点。例如：

真好　好久　特强　阴险　蔫坏　深红　灰白　浅绿

1.3 静补关系

有些静字可以与意思相关的其他静字相组合，生成“静静结构”静词，表示静补关系。静补关系是指静字与相关补充成分的组合关系。表示静补关系的“静静结构”静词，后面的静字表示前面的静字的意思达到的程度高。这类静词一般要在词尾加“了”表示语气。例如：

坏透了　好极了　大多了

我们可以通过“真好”和“坏透”区别“静静结构”静词的定中关系和静补关系。“真好”的“真”是限定成分，“好”是中心成分；“坏透”的“坏”是中心成分，“透”是补充成分。限定成分在前，补充成分在后。这是汉语的普遍规则。

## 2. 静 + 名

有些静字可以跟意思相关的名字相组合，生成“静名结构”静词。下面举例说明“静名结构”静词的组合关系和词义结构特点。

2.1 定中关系

表示定中关系的“静名结构”静词，静字表示名字字义的特点。例如：

大声　热情　实际　同样　强势　热心　多病（缺医）少药
多灾·多难　小心眼儿

2.2 静补关系

静字可以跟意思相关的数量词或数量名短语相组合，生成表示静补关系的“静名结构”静词。例如：

① 痛快一下　高兴几天
②（丈夫比妻子）大四岁　（哥哥比弟弟）高一头
（他们比我们）少两个人　（五月比四月）多一天

上面的例②一般用于比较句，静字代表比较的结果，数量词和数量名短语代表比较结果的差额。

### 3. 静 + 动

有些静字可以跟意思相关的动字相组合，生成“静动结构”静词。“静动结构”静词可以表示并列、静补等组合关系，多半包含比喻义。例如：

紧张　热闹　轻浮　静如山　滑如游鱼

### 4. 名 + 静

有些名字可以跟意思相关的静字相组合，生成“名静结构”静词。下面举例说明“名静结构”静词的组合关系和词义结构特点。

4.1 主述关系

表示主述关系的“名静结构”静词，名字是主体，静字是述体，说明主体的特点或状况等。例如：

年轻　客满　眼红　气短　心寒　资深　身体好

天天客满　万众一心　国家兴旺　经济发达　心里高兴

兵强·马壮　心狠·手辣　眉清·目秀

4.2 定中关系

表示定中关系的“名静结构”静词，多半表示比喻义，名字比喻静字字义的特点。例如：

火热　冰冷　肤浅　雪白　粉红　米黄

### 5. 状 + 静

状字可以跟意思相关的静字相组合，生成“状静结构”静词。“状静结构”静词表示定中关系，静字是中心成分，状字说明中心成分的状况。例如：

很多　太大　稍足（自慰）　非常有名　更加积极

“很”用于限定静字，表示程度高时要重读。如果不重读，一般只起非对比作用，并不表示程度。静字如果不用“很”限定，往往有正反对比的作用。例如：

① 他们钱多。（我们钱少。）
② 夏天白天长。（冬天白天短。）
③ 有的人喜欢热闹。（有的人喜欢安静。）
④ 东部经济发达。（西部经济不发达。）
⑤ 身体好的人不容易生病。（身体不好的人容易生病。）

用“很”限定的静词的否定式通常用“不太”。例如：

① 这本书很好。——那本书不太好。
② 那里人很多。——这里人不太多。
③ 他弟弟个子很高。——他妹妹个子不太高。

“也都”用于限定静词，要放在静词的前面；静词如果是否定式，“也都”要放在否定字词的前面。例如：

也都很好　也都不太好　也都很大　也都不太大

用于限定静词和动词的“都”和“不”可以连用，连用时字序可以是“不都”，也可以是“都不”。字序不同，意思也不同。“都不”否定全部，“不都”否定部分，试比较：

① 他们都不太高兴（他们全部不太高兴）；他们不都很高兴（他们部分人很高兴）
② 他们都不积极（他们全部不积极）；他们不都很积极（他们部分人很积极）
③ 她们都不漂亮（她们全部不漂亮）；她们不都很漂亮（她们部分人很漂亮）
④ 他们都不来（他们全部不来）；他们不都来（他们部分人来）
⑤ 他们都不是学生（他们全部不是学生）；他们不都是学生（他们部分人是学生）
⑥ 他们都不在家（他们全部不在家）；他们不都在家（他们部分人在家）
⑦ 他们都没有钱（他们全部没有钱）；他们不都没有钱（他们部分人没有钱）

## 6. 动 + 名

有些动字可以跟意思相关的名字相组合，生成“动名结构”静词。“动名结构”静词一般表示动受关系，名字是动字动作行为的对象或内容等。例如：

卫生　知名　有名　有趣　积极

## 7. 重叠式

有些静字可以互相重叠，或者跟其他字词的重叠式相组合，生成重叠式静词。重叠式静词的生成方式和语义结构特点是：

### 7.1 AA 式

AA 重叠式静词有强化词义的作用。例如：

（目光）炯炯　（气势）汹汹　（以其）昏昏　（使人）昭昭

### 7.2 ABB 式

ABB 重叠式静词也有强化词义的作用。例如：

干巴巴　乱哄哄　灰蒙蒙　傻乎乎　绿油油　白花花
沉甸甸　冷飕飕　硬生生　阴森森

### 7.3 AABB 式

AABB 重叠式静词的词义结构至少有以下特点：

（1）由意思相对的静字组合生成的重叠式静词，有强化词义的作用。例如：

高高兴兴　亲亲热热　整整齐齐　冷冷清清
忙忙碌碌　恍恍惚惚　鬼鬼祟祟　大大咧咧

（2）由意思相反的静字组合生成的重叠式静词，用于强调不一致。例如：

大大小小　高高低低　好好坏坏　多多少少

### 7.4 ABAB 式

ABAB 重叠式静词一般表示即时性，相当于静词加“一下”。例如：

高兴高兴　亲热亲热

上面的“高兴高兴、亲热亲热”相当于“高兴一下、亲热一下”。

## 四、词语生成方式、组合关系和词义结构特点的多样性

从上面的讨论可以看出，汉语词语的生成方式、组合关系和词义结构具有多样性的特点。下面分别说明。

### 1. 词语生成方式的多样性

词语的生成方式是指一个词语由什么字词组合生成，哪个字词在前，哪个字词在后。上面的讨论说明，汉语的名词至少有 8 种生成方式，动词和静词至少各有 7 种生成方式。列表如下：

**表 18　名词、动词和静词的生成方式一览表**

| 词类 | 生成方式 | 小计 |
| --- | --- | --- |
| 名词 | 名＋名　名＋动　数＋名　动＋名　静＋名　静＋动　附加式　重叠式 | 8 |
| 动词 | 动＋动　动＋名　动＋静　名＋动　静＋动　状＋动　重叠式 | 7 |
| 静词 | 静＋静　静＋名　静＋动　名＋静　状＋静　动＋名　重叠式 | 7 |
| 合计 | | 22 |

表 18 中的名词、动词和静词共有 22 种生成方式。这 22 种生成方式有些是重复的，例如，名词、动词和静词的生成方式都有“动＋名、重叠式”，名词和静词的生成方式都有“静＋名”，动词和静词的生成方式都有“静＋动”，这里就包含重复。除去重复的，还有 14 种生成方式。这 14 种生成方式跟词类有对应关系，列表如下：

**表 19　名词、动词和静词的生成方式与词类对照表**

| 序号 | 生成方式 | 词类 |
| --- | --- | --- |
| 1 | 名＋名 | 名词 |
| 2 | 名＋动 | 名词　动词 |
| 3 | 名＋静 | 静词 |
| 4 | 数＋名 | 名词 |
| 5 | 动＋动 | 动词 |
| 6 | 动＋名 | 名词　动词　静词 |
| 7 | 动＋静 | 动词 |

续表

| 序号 | 生成方式 | 词类 |
|---|---|---|
| 8 | 静＋静 | 静词 |
| 9 | 静＋名 | 名词　静词 |
| 10 | 静＋动 | 名词　动词　静词 |
| 11 | 状＋动 | 动词　静词 |
| 12 | 状＋静 | 静词 |
| 13 | 重叠式 | 名词　动词　静词 |
| 14 | 附加式 | 名词 |

表 19 所列 14 种生成方式并非尽举，但是已经可以充分说明汉语词语生成方式的多样性。

### 2. 词语组合关系的多样性

组合关系就是语义结构关系，代表概念与概念的关系。词语的组合关系就是词语的组成成分所代表的概念与概念的关系。上面的例子列出了汉语的名词、动词和静词的 9 种组合关系，这 9 种组合关系跟词类和词语生成方式也有对应关系，列表如下：

**表 20　名词、动词和静词的组合关系与词类和生成方式对照表**

| 组合关系 | 词类 | 生成方式 |
|---|---|---|
| 1. 并列关系 | 名词 | 名＋名 |
| | 动词 | 动＋动 |
| | 静词 | 静＋静 |
| 2. 定中关系 | 名词 | 名＋名　数＋名　静＋名<br>静＋动　动＋名　名＋动 |
| | 动词 | 动＋动　名＋动　静＋动　状＋动 |
| | 静词 | 静＋静　静＋名　静＋动　名＋静　状＋静 |

续表

| 组合关系 | 词类 | 生成方式 |
|---|---|---|
| 3. 主述关系 | 名词 | 名 + 动 |
| | 动词 | 名 + 动 |
| | 静词 | 名 + 静 |
| 4. 动受关系 | 动词 | 动 + 动　动 + 名　动 + 静 |
| | 静词 | 动 + 名 |
| 5. 动结关系 | 动词 | 动 + 动　动 + 名　动 + 静 |
| 6. 动补关系 | 动词 | 动 + 名　动 + 静　动 + 动 |
| 7. 连动关系 | 动词 | 动 + 动 |
| 8. 连锁关系 | 动词 | 动 + 动 |
| 9. 静补关系 | 静词 | 静 + 静　静 + 名 |

表 20 所列的 9 种组合关系可以充分说明词语组合关系的多样性。从上表也可以看到，词语的组合关系就存在于词类和词语的生成方式之中，是由词类和词语的生成方式共同决定的。

### 3. 词义结构特点的多样性

前面说过，汉语词语的组合关系是对词义结构特点的概括，我们用表 21 说明，体现在名词、动词和静词中的 9 种组合关系就至少包含 58 种词义结构特点，这些词义结构特点跟词类和词语生成方式也有对应关系。列表如下：

**表 21　名词、动词和静词的组合关系与词义结构特点对照表**

| 序号 | 组合关系 | 词类 | 生成方式 | 词义结构特点 |
|---|---|---|---|---|
| 1 | 并列关系 | 名词 | 名 + 名 | 1. 词义是参与组合的名字的字义相加。<br>2. 词义与参与组合的一个名字的字义相同或相近。<br>3. 词义为引申义、比喻义或转义。 |

续表

| 序号 | 组合关系 | 词类 | 生成方式 | 词义结构特点 |
|---|---|---|---|---|
| 1 | 并列关系 | 动词 | 动＋动 | 4. 由字义相反或相向的动字组合生成的“动动结构”动词，词义是参与组合的动字的字义相加。<br>5. 由字义相同或相近的动字组合生成的“动动结构”动词，词义与字义相同或相近。<br>6. 词义为比喻义、引申义或转义。 |
| | | 静词 | 静＋静 | 7. 由字义相向的静字组合生成的“静静结构”静词，词义是组成成分的字义相加。<br>8. 由字义相同或相近的静字组合生成的“静静结构”静词，词义与参与组合的一个静字的字义相同或相近。<br>9. 由字义相反的静字组合生成的“静静结构”静词，词义为参与组合的静字的字义相加，且有正反对照关系。可以在静字前加“不”，重叠起来表示程度适中。<br>10. 词义为引申义、比喻义或转义。 |
| 2 | 定中关系 | 名词 | 名＋名 | 11. 限定成分说明中心成分的内容、类别、特点等。<br>12. 限定成分说明中心成分的质料、用途等。 |
| | | | 数＋名 | 13. 数字说明名字所代表的人或事物的数量。<br>14. 数字说明名字所代表的人或事物的次序。<br>15. 数字代表概数或范围。 |
| | | 名词 | 静＋名 | 16. 静字说明名字的性质、特点、类别等。<br>17. 词义为引申义、比喻义或转义。 |
| | | | 静＋动 | 18. 静字说明动字动作的特点。 |
| | | | 动＋名 | 19. 动字说明名字的性质、特点等。<br>20. 动字代表用途。<br>21. 动字说明名字的身份。 |

续表

| 序号 | 组合关系 | 词类 | 生成方式 | 词义结构特点 |
|---|---|---|---|---|
| 2 | 定中关系 | 名词 | 名＋动 | 22. 名字是动字动作的对象、内容等。<br>23. 词义是转义。 |
| | | 动词 | 动＋动 | 24. 前面的动字说明后面的动字动作的方式、内容、趋向等。 |
| | | | 名＋动 | 25. 名字是动字动作的内容、特点等。<br>26. 名字是动字动作的趋向。 |
| | | | 静＋动 | 27. 静字说明动字动作的方式、特点等。 |
| | | | 状＋动 | 28. 状字说明动字动作的状况。 |
| | | 静词 | 静＋静 | 29. 前面的静字表示后面的静字字义的特点。 |
| | | | 静＋名 | 30. 静字表示名字字义的特点。 |
| | | | 名＋静 | 31. 名字说明静字字义的特点。 |
| | | | 状＋静 | 32. 状字说明静字的状况。 |
| 3 | 主述关系 | 名词 | 名＋动 | 33. 名字代表施动者。<br>34. 名字代表受动者。 |
| | | 动词 | 名＋动 | 35. 名字代表施动者，动字代表施动者的动作行为。<br>36. 名字代表受动者，动字代表对受动者施加的动作行为。<br>37. 名字代表受述者，动字说明受述者的状况、特点等。 |
| | | 静词 | 名＋静 | 38. 静字说明名字的特点和状况等。 |
| 4 | 动受关系 | 动词 | 动＋动 | 39. 后面的动字是前面的动字动作的内容。 |
| | | | 动＋名 | 40. 名字是动字动作的对象、内容等。<br>41. 名字代表动字动作的目的。<br>42. 名字是动字动作的处所。<br>43. 名字是动字动作的趋向。<br>44. 动字后面有两个受动者名字，前面的名字代表动作的对象，后面的名字代表动作的内容。 |

续表

| 序号 | 组合关系 | 词类 | 生成方式 | 词义结构特点 |
| --- | --- | --- | --- | --- |
| 4 | 动受关系 | 静词 | 动＋名 | 45. 名字是动字动作行为的对象或内容。 |
| 5 | 动结关系 | 动词 | 动＋动 | 46. 后面的动字说明前面的动字动作的结果。 |
|  |  |  | 动＋静 | 47. 静字代表动字动作的结果。 |
| 6 | 动补关系 | 动词 | 动＋名 | 48. 由动字跟数字和数量词组合生成的“动名结构”动词，数字或数量词代表动作的数量、时间等。<br>49. 由趋向动字、趋向动词、趋向短语跟指人（或动物）的数量名短语组合生成的“动名结构”动词，数量名短语是施动者。<br>50. 由趋向短语跟指物的数量名短语组合生成的“动名结构”动词，数量名短语是趋向短语动作的内容。 |
|  |  |  | 动＋静 | 51. 静字说明动字动作的状况、内容等。 |
| 7 | 静补关系 | 静词 | 静＋静 | 52. 后面的静字表示前面的静字的意思达到的程度高。 |
|  |  |  | 静＋名 | 53. 前面的静字一般代表比较的结果，后面的数量词或数量名短语代表比较结果的差额。 |
| 8 | 连动关系 | 动词 | 动＋动 | 54. 前面的动字是后面的动字动作的条件、原因等。<br>55. 后面的动字是前面的动字动作的内容。<br>56. 后面的动字说明前面的动字动作的目的。 |
| 9 | 连锁关系 | 动词 | 动＋动 | 57. 前面的动词动作的对象是后面的动词动作的施动者。<br>58. 中间的名字是后面的动字动作的施动者或受动者。 |

我们现在还不能对词语的生成方式、组合关系和词义结构特点作穷尽的描写，以上各表所列都是举例性的，举例说明词语的生成方式、组合关系和词义结构特点并作出初步的解释，是为了给组合汉语教材编写和课堂教学提供起码的词法学依据。

汉语数量无限的词语是由数量有限的“字”组合生成的。数量有限的“字”为什么能够组合生成数量无限的词语？原因就在于词语的生成方式、组合关系和词义结构特点具有多样性。词语的生成方式、组合关系和词义结构特点为什么具有多样性？原因就在于作为基本结构单位的“字”在数量上具有封闭性，在内容上是音义一体和形音义一体，在形式上具有独立性和固定性，为词语的生成方式、组合关系和词义结构特点的多样性提供了条件。组合汉语的字类是对字义的分类，一字多义决定了一字多类；字义相关的“字”在一定的条件下都可以互相组合，组合时字序可以变换，字序不同，词义就不同。词义是由字义和字序共同决定的。由此可见，字的性质、特点和作用是词语生成方式、组合关系和词义结构特点多样性的客观基础，不了解字的性质、特点和作用，就无法理解词语生成方式、组合关系和词义结构特点多样性，也就无法理解字本位汉语观。

## 五、词法教学的要点

词法教学是句法教学的基础。组合汉语的词法教学就是由字到词的组合规则的教学，词的组合规则就包括词的生成方式、组合关系和词义结构特点。进行词的组合规则的教学，是为了帮助学习者理解词的生成方式、组合关系和词义结构特点，学会根据组合规则举一反三，同时也是为了给句法教学打好基础。我们讲句法，主要是讲句子的生成方式、组合关系和句义结构特点。而句子的生成方式、组合关系和句义结构特点，主要是主述结构的生成方式、组合关系和由此决定的句义结构特点。因此，讲句法一般不再涉及词法层面上的问题。如果词的组合规则掌握不好，就会把问题遗留到句法教学中，给句法教学带来麻烦。

本讲要讨论的词法教学的要点，就是帮助学习者掌握由字到词的组合规则的要点。要点如下：

1. 以字义为基础，以意合为主线

我们反复强调，汉语的组合都是意合。所谓组合规则，实际上就是意合规则。

意合必须以字义为基础，不理解字义，就无法理解意合，更无法理解意合规则。前面说过，一个词语的词义是由字义和字序共同决定的。所谓字序，实际上就是字义的次序，字义的次序就是字义搭配关系，字义搭配关系也就是组合关系。下面再举例说明。

① 给人书

② 走路人

③ 表演唱 演唱比赛

④ 看演出 参加竞赛

上面的例①和例②都是“动名结构”，但是组合关系不同。例①是动受关系，“人”是“给”的对象，“书”是“给”的内容，“人”和“书”都是“给”的受动者。例②是定中关系，“人”是“走”的施动者，又是“走路”限定的对象。“走路”是“在路上走”的意思，“路”是“走”的处所。只有表示“处所义”（以及“工具义”等）的名字才能用于这样的格式。与“走路人”中的“走路”类似的例子可以举出很多，“出家人、出国人员、住院者、跳水运动员、滑雪队、跳伞队”等词语中的“出家、出国、住院、跳水、滑雪、跳伞”等都是这样的格式。

上面的例③和例④都是“动动结构”，但是组合关系也不同。例③是定中关系，例④是动受关系。它们的区别也是由字义和字义搭配关系决定的。

以上事实说明，字义和字义搭配关系是词义理解的基础，词语教学必须十分重视字义和字义搭配关系的教学。通过字义和字义搭配关系的教学帮助学生掌握词语的意合规则，要作为一条主线贯彻词法教学的始终。

### 2. 以旧带新，滚雪球和搭积木

汉语词语组合的特点之一是利用旧概念生成新概念，词语教学以旧带新就是把利用旧概念生成新概念的原理应用到词语教学中。下面用两种不同的字词表作对照，说明什么是以旧带新，什么不是以旧带新，并说明对学习者来说，这两种不同的字词表意味着什么。

| 字词表Ⅰ | 字词表Ⅱ |
|---|---|
| 生字和生词 | 生词 |
| 1. 学 | 1. 学生 |
| 2. 生 | 2. 学校 |
| 3. 学生 | 3. 校长 |
| 4. 校 | （4. 学） |
| 5. 学校 | （5. 生） |
| 6. 长 | （6. 校） |
| 7. 校长 | （7. 长） |

字词表Ⅰ是组合汉语教材字词表的样本。表中有“学、生、校、长”四个生字和由这四个生字组合生成的“学生、学校、校长”三个生词，字词总数有7个；学了“学、生”以后再学习“学生”，“学生”中就没有生字，比较容易记忆；学了“校”以后再学习“学校”，学了“长”以后再学“校长”，“学校、校长”中也没有生字，所以也比较容易记忆。以后学习“大、中、小”，就可以组成“大学、大学生、中学、中学生、小学、小学生”，学习“部、处、科”时就可以组成“部长、处长、科长”，这些词也就比较容易记忆。随着学过的汉字越来越多，生词中的生字就越来越少，有些生词还能自动理解。这就是以旧带新的好处。以旧带新是多快好省的方法。

字词表Ⅰ的字词顺序是根据以旧带新的原则排列的，这样的顺序不能任意改变。例如，不能把“学校”排在“校”的前面，也不能把“校长”排在“长”的前面，否则就不是以旧带新。

字词表Ⅱ是传统教材生词表的样本。表中有与字词表Ⅰ相同的“学生、学校、校长”三个生词，这三个生词也是由“学、生、校、长”四个生字组合生成的，但是这四个生字并未单列，学生无法形成这四个汉字的概念，也不了解字词之间意义上的内在联系，因此只能一个一个地死记硬背。以后遇到由这些汉字组成的词语，如“大学、大学生、中学、中学生、小学、小学生、部长、处长、科长”等，还要一个一个地死记硬背。这是少慢差费的方法。

汉语教学以旧带新是汉语特点的要求。汉语“字”的数量是封闭性的，“词”的数量是开放式的，数量无限的词语是由数量有限的“字”组合生成的。以旧带新就是用数量有限的“字”去生成数量无限的词语。随着识字量的增加，能够认识的词语可以成几何级数上升。只要学会了2500个左右最常用的汉字和它们的组合规则，就可以基本达到无障碍阅读的目标。

汉语教学以旧带新也是汉语习得规律的要求。人脑的记忆网络就像一棵树，根生干，干生枝，枝生叶；枝变杈，杈再生枝，枝又生叶，层层叠加。只有以旧带新，才能温故知新，才符合汉语学习规律。如果不是以旧带新，就不能做到温故知新，数量无限的词就要一个一个地死记硬背。即使能够形成举一反三的能力，也只能靠自己慢慢体会，需要更长的时间。

“以旧带新”就好比滚雪球和搭积木，进行由小到大和由少到多的组合教学。下面是滚雪球和搭积木的例子。

滚雪球（由小到大）：

中　中国　中国人　中国人的　中国人的善意

知道　我知道　我知道他身体很好

搭积木（由少到多）：

| | | |
|---|---|---|
| 法国 | 美国 | 英国 |
| 法国人 | 美国人 | 英国人 |
| 法国人的 | 美国人的 | 英国人的 |
| 法国人的善意 | 美国人的善意 | 英国人的善意 |
| 我知道他身体很好 | 我知道他不在家 | 我知道他今天不来 |

### 3. 归纳和提示

这里用了两个关键词——归纳和提示。什么是归纳和提示？为什么要归纳和提示？

归纳就是把已经学过的生成方式、组合层次和组合关系相同的词语归纳在一起。为什么要用归纳的方法？因为学生不可能从单个的词语中全面理解组合规则，只有通过一组甚至多组同类现象，才有可能从中理解规则。在同一课书中，同类现象往往不可能出现很多，这就需要把已经学过的同类现象归纳起来。通过归纳，就可以让学生看到同类现象，从而加深印象，体会共同点。

提示就是简要说明要点。同类现象归纳以后，学生不一定都能真正理解，如果不能真正理解，还需要对规则的要点加以说明。这里说“提示”而不说“讲解”，是因为在语言课上不应该作烦琐的理论讲解，也没有必要作烦琐的理论讲解。以“在”

字短语的教学为例：

*在家看书　在饭店吃饭　在公园里散步　在公司实习*
*在天安门广场参观　在中国做生意　在大学学习汉语*

对这一组词语，只需要说明其生成方式都是“在＋名＋动”，其组合关系和词义结构特点都是“在哪儿做什么”，“在”后面的名字都带处所义。许多学生习惯于使用“动＋在＋名”格式，即用“做什么在哪儿”格式表达。因此，对“在＋名＋动”格式要在提示的基础上反复进行强化练习，直至能够脱口而出。

在课堂上习得语言总要依赖于教学输入，归纳和提示都属于教学输入，这样的教学输入可以帮助学生加快理解，是帮助学生完成习得过程的助推器，能使习得过程变得更加平坦，达到加速的效果。

经过展示、练习和规则提示，就可以让学生用学过的字词练习同类组合，直至正确。不过这类练习必须适度，要防止超越教材范围而过多地增加练习的内容。过多地增加练习的内容就是过度练习。只讲不练固然不好，过度练习也不好。强调防止过度练习，是因为以汉字为组合单位的组合教学有较大的活动空间，学习了一定数量的汉字以后，可以用于组合的字词越来越多，如果不加节制，就会打乱教学秩序。组合汉语教学特别重视组合教学的有序性，先教什么，后教什么，教多少，都要根据由近及远、先易后难、稳步发展的原则进行有计划的编排，这种有计划的编排都要体现在教材中。课堂练习如果不根据教材内容加以控制，就不但会破坏教材的科学系统，而且还会因为过多地占用课堂教学时间而影响教学进度。

我们在前面介绍的三类词语的生成方式、组合关系和词义结构特点虽然并不全面，但是已经显得相当繁杂。不过，这些词法现象都是汉语中普遍存在的，学生在学习和使用汉语的过程中都会遇到，是无法规避的词法现象。遇到这些词法现象就是感知，我们知道，感觉到的东西不一定都能理解它，只有理解了的东西才能更好地感觉它。我们强调归纳和提示，就是要让学生在感知的基础上，更好地理解相关的词法规则。那么多规则都要理解和记忆，不是太难了吗？其实，人类语言毕竟有共同点，汉语的词法现象跟其他语言也有许多相同、相近或相似之处，多数词法现象都可以通过“意会”而不必通过“言传”就可以理解。例如，“中国人、中文书、学汉语、在教室、有朋友”等词法现象，通过字词对译就可以理解，都不必专门解释，要做的只是把同类现象归纳起来组织练习，使学生达到熟练掌握。此外，我们并不是把所有的词法现象都装在一个大盘子里一次性地整盘端给学生，而是分成许多小碟，一碟一碟地端给他们，让他们在整个学习过程中一项一项地进行理解、模仿、记忆和运用。这是一个逐渐积累的过程，也是一个逐渐形成语感和学会用汉语思维的过程。

### 4. 抓住难点，突出重点

词语的生成方式、组合关系和词义结构特点的难易程度不完全相同。例如，表示定中关系的词语跟表示述补（动补、静补）关系的词语相比，表示述补关系的词语更难；包含一层组合关系的词语跟包含多层组合关系的词语相比，包含多层组合关系的词语更难；可以通过字义直接理解词义的词语跟表示引申义、比喻义和转义的词语相比，表示引申义、比喻义和转义的词语更难。可见，表示述补关系和多层组合关系的词语以及表示引申义、比喻义和转义的词语是学习的难点。学习的难点就是教学的重点。状态动词和状态静词表示汉语的象态范畴，汉语的象态范畴不同于印欧系语言的时态范畴，对印欧系语言使用者来说，学习状态动词和状态静词更难，因为要改变思维模式。状态动词和状态静词必须放在有上下文的句子中，才能帮助学生理解。也就是说，状态动词和状态静词的教学必须跟句法教学相结合。

本书关于词语的生成方式、组合关系和词义结构特点的介绍，是给教师用的，没有必要全盘照搬到教材和课堂教学中。教师掌握这些知识是完全必要的，因为只有掌握了这些知识，才知道什么是同类现象，怎样归纳同类现象，才能在教材编写和课堂教学中对词法教学的项目、重点和要点做到“心中有数”，全面把握，并能回答学生提出的问题。

# 第七讲　句法和句法教学

用语言进行交际，口头交际至少要说一个句子，书面交际至少要写一个句子。可见，句子是语言交际的基本单位。进行句法教学，就是要让学生学会用句子进行交际。语言交际就是语义的表达和理解，因此，我们就从语义表达和理解的角度对句子进行分类和解释。本讲先讨论句法结构，在此基础上，再以几种基本句为实例，逐一讨论它们的生成方式、组合关系和句义结构特点以及基于汉语句法系统特点的句法教学。

## 一、关于句法结构

这里讨论句法结构，是为了说明汉语句法结构的一般规则，包括句子的生成方式、组合关系和句义结构特点。

### 1. 怎样分析句法结构

汉语各级单位的生成方式具有高度的一致性，这就是由小到大和由少到多的组合生成。由小到大，就书面汉语而言，就是由笔画和部件组合生成汉字，由汉字组合生成词语，由字词组合生成基本句，由基本句组合生成复合句。各级单位的组合，基本上都是“二合”。

汉语各级单位的结构类型也具有高度的一致性，这就是都有基本结构和复合结构之分。汉字有基本字和复合字之分，复合字又有基本复合字和多重复合字之分；词语有基本词和复合词之分，复合词又有基本复合词和多重复合词之分；句子有基本句和复合句之分，复合句又有基本复合句和多重复合句之分。字以下的结构单位，就汉字而言，笔画有基本笔画和复合笔画之分，复合笔画又有基本复合笔画和多重复合笔画之分；部件有基本部件和复合部件之分，复合部件又有基本复合部件和多重复合部件之分。

汉语各级单位生成方式的一致性和结构类型的一致性，决定了我们可以用同样的思路去分析字法、词法和句法。用同样的思路去分析，就是都要着眼于生成方式和组合关系以及体现在生成方式和组合关系之中的语义结构特点。字法研究要着眼于字的生成方式、组合关系和字义结构特点，词法研究要着眼于词的生成方式、组合关系和词义结构特点，句法研究要着眼于句子的生成方式、组合关系和句义结构特点。字义结构、词义结构和句义结构都属于语义结构。

汉语的组合特点决定了我们研究汉语句法不需要划分“主、谓、宾、定、状、补”等句子成分，不需要设定词类和句子成分的对应关系。不划分句子成分，不设定词类和句子成分的对应关系，怎样分析句法结构?

汉语句法结构的核心是主述结构，句子的生成方式、组合关系和语义结构特点都体现在主述结构以及主述结构与主述结构的组合之中。基本句都是主述结构；复合句由基本句组合生成，基本句与基本句的组合就是主述结构与主述结构的组合。由此可见，只要抓住了主述结构，就算抓住了句法结构的核心，就能厘清句子的生成方式和组合关系，也就能透过生成方式和组合关系去了解句义结构特点。

## 2. 主述结构和基本句

### 2.1 什么是主述结构

主述结构是由主体（Topic）和述体（Comment）组合生成的结构单位。主体和述体是主述结构中两个相互依存的语义单位。所谓相互依存，就是两者不可分离：主体是对述体而言，没有述体，就谈不上主体；述体是对主体而言，没有主体，也谈不上述体。从形式结构看，主体在前，述体在后。从语义结构看，主体是已知信息和述体陈述的对象，代表“谁”或“什么”；述体是使知信息，用于陈述主体，说明主体“做什么”或“怎么样”。“谁（什么）—做什么（怎么样）”就是主述结构的语义结构模式。例如：

① 日－出　地－震　头－疼　身体－健康　经济－落后

花－开·花－落

② 我｜来。　他｜不是中国人。　我｜有很多书。

教授｜不在家。　弟弟｜长高了。

上面的例①和例②都是主述结构。有些主述结构在一般情况下不能单独成句，这类主述结构是词，如例①。大部分主述结构都可以独立成句，可以独立成句的主述结构是基本句，如例②。我们用连接号把主述结构词的主体和述体隔开，用单竖线把基本句的主体和述体隔开。连接号和单竖线前面的是主体，后面的是述体。

主述结构反映了汉语使用者的思维模式和表达程序。这种思维模式和表达程序的特点就是“二合”和“二分”以及思维过程与表达程序相一致。所谓思维过程与表达程序相一致，就是先看到什么、先想到什么，就先说或先写什么。思维过程与表达程序相一致有利于对客观世界的快速反映，这对一个人、一个民族、一个国家或社会的发展具有极其重要的作用。这种作用无所不在，但是在通常情况下不容易觉察，只有在分秒必争的关键时刻才能充分显现出来。

2.2 主述结构的生成方式和组合关系的主要特点

（1）语义相关的结构单位都可以组成主述结构。汉语的“意合”特点同样体现在主述结构之中，主述结构的“意合”关系就是陈述与被陈述的关系。所谓语义相关，就是能够构成陈述与被陈述的关系。无论是代表人的，还是代表事物或事件的字、词和主述结构，都可以担任主体；无论是字、词，还是主述结构，只要能陈述主体，都可以担任述体。例如：

① 他｜不是学生。

② 他们｜有五个女儿。

③ 他们的大女儿｜住在上海。

④ 在城里打工的农民｜叫农民工。

⑤ 中国农村的人口｜比城市多。

⑥ 南方的气候｜和北方不一样。

⑦ 这｜就是选择坐火车、不选择坐飞机的原因。

⑧ 马小月｜身体不太好。

⑨ 经济发展了｜才有条件提高人民的生活水平。

⑩ 你一天没吃饭｜我怎么不担心？

在上面例子中，带下画线的是可以单独成句的主述结构。这些例子说明，可以单独成句的主述结构也可以担任主述结构的主体或述体。

（2）主体不受施受关系的约束。主体可以是施动者，也可以是受动者，还可以是受述者——我们把既不是施动者、也不是受动者的主体叫做受述者。例如：

① 他们｜在马路边卖东西。

② 窗户｜没关好。

③ 杯子｜打破了。

④ 代表团｜迎来了。

⑤ 这段话中有的句子｜常常被引用。

⑥ 长城｜到了。

⑦ 白板上｜写着字。

⑧ 台上｜坐着主席团。

⑨ 公路两边｜种了很多树。

⑩ 今天晚上｜来的人特别多。

在上面的例子中，只有例①的主体是施动者。例②～例⑥的主体都是受动者，例⑦～例⑩的主体都是受述者。这说明，受动者和受述者也可以担任主述结构的主体。

（3）主体是有定的。主述结构的主体都是有定的。“有定”即不是任何一个，所提供的信息一般为交际双方所共知。表示时间、地点、方位、数量等的语义单位都是有定的，所以都可以担任主体。例如：

① 今天｜星期六。

② 十月一日｜是中国的国庆节。

③ 这时候｜天气不冷不热，是旅游的好季节。

④ 好久｜不见了！

⑤ 上海｜离北京很远。

⑥ 教室里｜没有人。

⑦ 东面｜有警察！

⑧ 三个人｜不多。

⑨ 一个半小时｜就到。

⑩ 一万年｜太久！

（4）述体的生成方式和组合关系也具有多样性。主述结构的述体可以有多种生成方式和组合关系，单字、各种结构类型的词语和主述结构等都可以担任主述结构的述体。例如：

① 我｜去。（述体是单字）

② 我｜去办公室。（述体是表示动受关系的“动名结构”动词）

③ 我｜去办公室开会。（述体是表示连动关系的“动动结构”动词）

④ 今天｜很冷。（述体是表示定中关系的“状静结构”静词）

⑤ 今天｜天气－很好。（述体是主述结构）

⑥ 今天｜比昨天－冷多了。（述体是主述结构）

以上各类例子都说明，汉语的主体和述体不同于英语的主语和谓语。因此，不能按“主谓宾”的格式分析汉语的句子。我们讨论汉语基本句的组合关系，也是为了把汉语的主体和述体跟英语的主语和谓语区别开来。汉语主述结构的组合关系代表汉语使用者的思维过程和表达程序，说明汉语使用者的表达程序跟思维过程完全一致。

### 3. 复合句的生成方式和组合层次

#### 3.1 复合句的生成方式

汉语复合句的生成也有扩展和组装两种方式，复合句最小的扩展和组装单位是基本句。生成方式是：由基本句到基本复合句，由基本句和基本复合句到多重复合句，由基本句、基本复合句、多重复合句到更大的多重复合句。这说明，复合句就是以基本句为基本单位，层层扩展和组装起来的。基本句、基本复合句、多重复合句和更大的多重复合句都可以参与复合句的扩展和组装，成为复合句的扩展和组装单位。作为复合句扩展和组装单位的基本句、基本复合句和多重复合句都叫分句。

有些非主述结构虽然不是基本句，但在复合句中也担任分句的角色。例如：

① 一天，‖【老宋｜正做早饭，‖[｜听见庙门响了一声，‖｜接着就听见那口钟当当当地响起来。]】（赵树理，《李家庄的变迁》）

② 建国十一年来，‖[汉语研究｜较之过去有了长足的进步，‖但是同这一学科的需要比较起来，｜还是远远不够。]（吕叔湘，《汉语研究工作者的当前任务》）

③ 在社会主义事业中，‖[｜要想不经过艰难曲折，不付出极大努力，总是一帆风顺，容易得到成功，‖这种想法，｜只是幻想。]（毛泽东，《关于正确处理人民内部矛盾的问题》）

④ 在应对国际金融危机的困难情况下，‖[我们｜更加注重保障和改善民生，‖｜切实解决人民群众最关心、最直接、最现实的利

益问题。]（温家宝，《政府工作报告》）

⑤ 汉语史的研究，‖[这｜是范围极其广大，内容极其丰富的一个部门，‖｜也是问题异常复杂，工作异常繁重的一个部门。]（吕叔湘，《汉语研究工作者的当前任务》）

⑥ 我们整个经济发展的战略，‖[能源、交通｜是重点，‖农业｜也是重点。]（邓小平，《前十年为后十年做好准备》）

⑦ 回顾起来，‖[我们的语法研究工作｜不免有些偏颇，‖对于用法的研究｜是非常不够的。]（吕叔湘，《汉语研究工作者的当前任务》）

⑧ 总起来说，‖[这五年，｜是改革开放和全面建设小康社会取得重大进展的五年，‖｜是我国综合国力大幅提升和人民得到更多实惠的五年，‖｜是我国国际地位和影响显著提高的五年，‖｜是党的创造力、凝聚力、战斗力明显增强和全党全国各族人民团结更加紧密的五年。]（胡锦涛，《在党的十七大上的报告》）

在上面的例子中，带下画线的结构单位都是非主述结构，它们都是后面的分句陈述的对象，代表“谁”或“什么”，属于主体分句，其语法作用就相当于担任主体分句的基本句。它们后面的分句都是陈述主体分句的，代表“做什么”或“怎么样”，属于述体分句。

3.2 复合句的组合层次

复合句的组合也具有层次性。复合句中的基本句是复合句的组成部分，其组合层次也是复合句的一级组合层次。因此，复合句的组合层次就是基本句的组合层次加基本句与基本句、基本句与复合句、复合句与复合句的组合层次。复合句中的基本句也是由主体和述体组合生成的（非主述结构分句属于“0+1”结构），只有一个组合层次，基本复合句由基本句与基本句组合生成，有两个组合层次，多重复合句则有三个以上的组合层次。在下面的例子中，我们用连接线标明组合层次；用单竖线把基本句的主体和述体隔开，单竖线前面的是基本句的主体，后面的是基本句的述体；用下画线标明作为分句的基本句，下画线就代表一个组合层次；用双竖线把基本句隔开，双竖线前后的都是基本句；用方括号（[ ]）标明作为分句的基本复合句，方括号里面的就是作为分句的基本复合句；用方头括号（【 】）标明作为分句的多重复合句，方头括号里面的就是作为分句的多重复合句。例如：

①我这第二次生命｜得之偶然，‖｜过得愉快。（基本句＋基本句，两个组合层次）

[我这第二次生命｜得之偶然，‖｜过得愉快，]自己｜觉得满意。

（基本复合句＋基本句，三个组合层次）

总的说来，‖【[我这第二次生命｜得之偶然，‖｜过得愉快，]‖自己｜觉得满意。】（基本句＋多重复合句，四个组合层次）（费孝通，《我的第二次学术生命》）

②日日夜夜，分分秒秒，｜都让神经紧张到最高限度，‖｜让五官的本能发挥到最高限度。（基本句＋基本句，两个组合层次）

我们住在里面的人｜，‖[日日夜夜，分分秒秒，｜都让神经紧张到最高限度，‖｜让五官的本能｜发挥到最高限度。]

（基本句＋基本复合句，三个组合层次）

我们住在里面的人，‖【[日日夜夜，分分秒秒，｜都让神经紧张到最高限度，‖｜让五官的本能｜｜发挥到最高限度，]‖[处处｜有荆棘坑坎，‖时时｜有横祸飞来。]】

（基本句＋多重复合句，四个组合层次）（季羡林，《牛棚杂忆》）

③｜强制推行一种风格，一种学派，‖｜禁止另一种风格，另一种

学派。（基本句＋基本句，两个组合层次）

｜利用行政力量，‖［｜强制推行一种风格，一种学派，‖｜禁止另一种风格，另一种学派。］｜（基本句＋基本复合句，三个组合层次）

【｜利用行政力量，‖［｜强制推行一种风格，一种学派，‖｜禁止另一种风格，另一种学派］，】｜‖我们认为｜会有害于艺术和科学的发展。（多重复合句＋基本句，四个组合层次）（毛泽东，《关于正确处理人民内部矛盾的问题》）

④｜刚刚从台湾归来，‖行装｜还未放下。

（基本句＋基本句，两个组合层次）

［｜刚刚从台湾归来，‖行装｜还未放下，］‖【妻子｜急忙告诉我：‖［“你妈｜病危，‖老家｜来过几次电话了］。】”

（基本句＋多重复合句，四个组合层次）（鲁光，《我的笔名叫鲁光》）

⑤｜能够为中国语言学的新领域发挥自己一点点余热，‖心情｜还是很愉快的。（基本句＋基本句，两个组合层次）

垂暮之年，［｜能够为中国语言学的新领域发挥自己一点点余热，‖心情｜还是很愉快的。］

（基本句＋基本复合句，三个组合层次）

｜虽时有力不从心之感，‖【但垂暮之年，[｜能够为中国语言学的新领域发挥自己一点点余热，‖心情｜还是很愉快的。]】

（基本句＋多重复合句，四个组合层次）

二十年来｜一面虚心学习，一面结合汉语实际作一些探索性的研究工作，‖{虽时有力不从心之感，‖【但垂暮之年，｜[能够为中国语言学的新领域发挥自己一点点余热，‖心情｜还是很愉快的。]】（基本句+更大的多重复合句，五个组合层次）（林焘,《语言学论文集》）

上面每一个序号下面的例句都是一组例句，每一组例句都是由小到大排列的，较小的例句都是较大的例句的扩展和组装单位。从中可以看到，基本复合句和多重复合句都是以基本句为基础，层层扩展和组装起来的，扩展单位和组装单位是完全一致的；组合层次都直接表现组合关系，语义结构特点都体现在生成方式和组合关系之中。

## 二、基本句例解

下面选择 7 种基本句作为实例，说明汉语基本句的特点。这些基本句也是最常用的，希望这些例子对组合汉语教材的编写和课堂教学有参考作用。

### 1. 是非句

#### 1.1 什么是“是非句”

我们把说明主体“是什么”或“不是什么”的句子叫做是非句。是非句的生成方式是“主体+‘是’字结构”。“‘是’字结构”是由动字“是”与意思相关的名字性成分组合生成的结构单位。是非句的语义结构特点至少可以归结为以下几点：

（1）主体是人，述体说明主体的身份、特点以及与主体的关系等。例如：

① 王老师｜是中国人。

② 他爸爸、妈妈｜都是农民。

③ 孔子｜是中国古代伟大的思想家、政治家、教育家。

④ 李霞｜是王大中的女朋友。

⑤ 王大中和李霞｜都是性格内向的人。

⑥ 我们｜都是学习汉语的学生。

⑦ 我们｜是老朋友了。

⑧ 语言研究的后备军｜主要是大学中文系和外语系的学生。（吕叔湘，《把我国语言科学推向前进》）

（2）主体是事物或事件，述体说明主体的性质、特点、内容、发生的缘由等。例如：

① 实践｜是检验真理的唯一标准。

② 教育｜是一个民族最根本的事业。（邓小平，《教育是一个民族最根本的事业》）

③ 他们｜是第一次见面。

④ 这样的错误｜是不能容忍的。

⑤ 我们的任务，｜是要正确处理这些矛盾。（毛泽东，《论十大关系》）

⑥ 汉语研究工作者当前的首要任务｜是促进现代汉语的规范化。（吕叔湘，《汉语研究工作者的当前任务》）

⑦ 这里所说的统筹兼顾，｜是指对于六亿人口的统筹兼顾。（毛泽东，《关于正确处理人民内部矛盾的问题》）

⑧ 我们要实现的四个现代化，｜是中国式的四个现代化。（邓小平，《中国在本世纪的目标是实现小康》）

⑨ 现在世界发生大转折，｜就是个机遇。（邓小平，《总结经验，使用人才》）

⑩ 尊重知识、尊重人才 | 是长远的根本大计。（邓小平，《教育是一个民族最根本的事业》）

（3）主体是时间、地点、方位、数量等，述体是跟主体相关的具体内容。例如：

① 今天 | 是他的生日。
② 三月八日 | 是国际劳动妇女节。
③ 北京西郊和北郊 | 是最美的地方。
④ 南面 | 是马路。
⑤ 九 | 是三的三倍。
⑥ 60 岁 | 是中国男人退休的年龄。
⑦ 21 世纪 | 真的是中国世纪吗？

在特殊情况下，可以用冒号（：）代表“是”。下面是一则海报的内容。

报告人：著名作家王方教授
题目：妇女在国家建设中的地位和作用
时间：2005 年 3 月 8 日下午 2 时
地点：第一教学楼多媒体教室

1.2 是非句的否定式

是非句的否定式一般是在“是”字前加“不”。例如：

① 孔子 | 不是现代人。
② 李霞 | 不是王大中的妹妹。
③ 他们 | 不是第一次见面。

在书面语和一些固定说法中也用“非”否定，“非”即“不是”。例如：

① 人 | 非圣贤。（孰能无过？）
② 事实 | 并非如此。

“不是……就是……”是肯定式，用于表示二者必居其一。例如：

① 不是你就是他。
② 不是吃就是喝。
③ 不是刮风就是下雨。

1.3 是非句的时间表示法

如果要说明主体什么时候是什么或不是什么，只需要在“是”或“不是”的前面加表示时间的字词。例如：

① 他父亲 | 以前是工人。

② 他们 | 过去是好朋友。

## 2. 存在句

2.1 什么是“存在句”

我们把说明主体是否存在于某处的句子叫做存在句。存在句的生成方式是“主体 + ‘在’字结构”。“在”字结构是由动字“在”与表示地点、方位、处所等的词语组合成的结构单位。“在”字结构不同于“在”字短语，“在”字短语表示“在哪儿做什么”，“在”字结构只表示“在哪儿”。存在句的主体可以是人，也可以是事物；述体说明主体所处的场所或位置。例如：

① 马老师 | 在教室里。

② 他家 | 在上海郊区的农村。

③ 南京 | 在长江南岸。

④ 饭 | 在蒸锅里。

2.2 存在句的否定式

存在句通常有以下两种否定的方法：

（1）用“不”否定。“不”要放在“在”字的前面。例如：

① 李霞 | 不在这里。

② 马老师 | 不在学校。

③ 王玉 | 不在家。

（2）用“没”否定。表示过去和现在不在，也可以用“没”。“没在”一般用于口语。例如：

① 李霞 | 没在这里。

② 马老师 | 没在学校。

③ 王玉 | 没在家。

（3）“不在了”的特殊用法。说某人“不在了”，多半是某人“已经去世”的委婉说法；说某物“不在了”，多半是说某物已经消失，通常带有惋惜的意思。这样的说法一般用于口语。例如：

① 马小月的父亲｜早就不在了。

② 中国有很多文物｜都不在了。

“不在……就在……”是肯定式，也是用于表示二者必居其一。例如：

① 不在家就在办公室。

② 不在北京就在上海。

2.3 存在句的时间表示法

如果要说明主体什么时候是否存在于某处，只需要在“在”或“不在、没在”的前面加表示时间的字词。例如：

① 他家｜过去在农村。

② 马老师｜今天在家。

③ 李冰｜昨天没在家。

④ 王大中｜明天不在学校。

## 3. 有无句

### 3.1 什么是“有无句”

我们把说明主体是否拥有什么的句子叫做有无句。有无句的生成方式是“主体 +‘有’字结构”。“‘有’字结构”是由动字“有”与意思相关的名字性成分组合生成的结构单位。代表人和事物以及时间、地点、方位等的语义单位都可以担任有无句的主体，有无句的述体说明主体是否拥有什么。例如：

① 我｜有很多外国朋友。

② 我们｜都有中文书。

③ 明天｜有雨。

④ 星期六｜有足球比赛。

⑤ 到处｜都有树木和花草。

⑥ 东面｜有警察。

⑦ 中国地图上｜有长城、黄河和长江。

有些表示数量的述体可以省去“有”。例如：

① 我家｜（有）三口人。

② 一天｜（有）24 小时。

“有”可以用“很”限定，不过“很有”的内容一般是抽象的概念。例如，可以说“很有风度、很有作为、很有面子、很有钱”，却不能说“很有人、很有朋友、很有房子”等。“很有钱”是“很富有”的意思，其中的“钱”不是指钱币。如果指钱币，要说“有很多钱”。

“具有”也是“有”的意思，一般用于书面语。“具有”的内容通常也是抽象的概念，而不是具体的人或事物。例如：

① 同类事物的形状｜具有某种相似性。

② 汉字｜具有直观表义的特点。

上例中的“汉字”是指汉字的总体，不是指某个具体的汉字。

3.2 有无句的否定式

（1）用“没”否定。有无句的否定式一般是在“有”的前面加“没”。例如：

① 他｜没有钱。

② 星期六｜没有课。

③ 村子里｜没有游泳池。

④ 院子里｜没有树。

在口语中，也可用“没”代替“没有”。例如：

① 他｜没钱。

② 星期六｜没课。

③ 村子里｜没游泳池。

④ 院子里｜没树。

（2）用“无”否定。在短语或其他固定说法中，也可以用“无”否定。“无”是“没有”的意思，也必须放在要否定的语义单位的前面。例如：

① 衣食｜无着
② 欲哭｜无泪
③ 目中｜无人
④ 此人｜无情·无义。
⑤ 我｜无话可说
⑥ 无话｜不谈
⑦ 无事｜生非
⑧ 无处｜可去
⑨ 无缘·无故

“没有……就没有……”是肯定式。“没有……”是假设的条件，“就没有……”是假设的结果，通过假设条件和假设结果来肯定条件和结果。例如：

① 没有改革就没有今后的发展。（意为：有改革才有今后的发展）（邓小平，《改革开放是很大的试验》）
② 没有共产党，就没有新中国。（意为：有共产党才有新中国）（歌词）

3.3 有无句的时间表示法

如果要说明主体什么时候是否拥有什么，只需要在“有、没、没有”的前面加表示时间的字词。例如：

① 他家｜明天有客人。
② 他们｜过去很有钱。
③ 这个学校｜以前没有外国学生。
④ 那里｜常常没有水。

## 4. 描述句

4.1 什么是“描述句”

我们把描述主体特点的句子叫做描述句。描述句的生成方式是“主体＋静字”或“主体＋由静字做述体的主述结构”。描述句的主体可以是人，也可以是事物，述体说明主体的特点。例如：

① 中国｜很大。

② 那里的风景 | 很美。

③ 当汉语老师 | 很光荣。

④ 他们的新房 | 又宽敞又明亮。

⑤ 他 | 身体非常好。

⑥ 这几个汉字 | 读音相同。

⑦ 中国北方 | 冬天很冷。

在上面的例子中，带下画线的是由静字做述体的主述结构。

对第二语言学习者要特别说明，汉语的描述句不需要动字。描述句也可以在静字的前面加“是”表示强调，表示强调的“是”是“的确”的意思，不是“是否”的意思，要重读。例如：

① 中国 | 是很大。（的确很大）

② 那里的风景 | 是很美。（的确很美）

③ 当汉语老师 | 是很光荣。（的确很光荣）

④ 他 | 身体是非常好。（的确非常好）

⑤ 这些汉字 | 读音是相同。（的确相同）

⑥ 中国北方 | 冬天是很冷。（的确很冷）

4.2 描述句的否定式

描述句有不同的否定方式。

（1）述体如果是单个的静字，一般是在静字的前面加“不”。例如：

① 教师的工资 | 不高。

② 马小月 | 身体不好。

（2）述体如果是状静结构静词，一般用“不是”或“不太”否定。如果用“不太”否定，静字的前面就不能再用其他限定成分。试比较：

① 那里的风景 | 很美。

那里的风景 | 不是很美。

那里的风景 | 不太美。

② 他｜身体非常好。
他｜身体不是非常好。
他｜身体不太好。

4.3 描述句的时间表示法

描述句的时间表示法是在静字的前面加表示时间的字词。述体如果是主述结构，时间字词多半要放在主述结构的前面。例如：

① 这条河｜以前很深。
② 这条马路｜以后会更美。
③ 农民的生活｜明年将更好。
④ 马小月｜最近身体不太好。
⑤ 那里的农民｜过去生活水平很低。

“会、将”是表示将来时间的时间字，“将”多半用于书面语。

## 5. 主动句

### 5.1 什么是“主动句”

我们把主体是施动者的句子叫做主动句。主动句的生成方式是“主体+动字（动字结构）”，述体代表主体的动作行为，说明主体做什么。例如：

① 他｜去。
② 中国女人｜一般 55 岁退休。
③ 他｜想当作家。
④ 他们｜在学校里学习汉语。
⑤ 这些学生｜常常到校外打工。

### 5.2 主动句的否定式

主动句通常有“不”或“不是”两种否定的方式。

（1）用“不”否定。如果要否定常然和未然的动作或动作的状况，就在要否定的语义单位之前加“不”。例如：

① 他｜不去。
② 中国女人｜50 岁一般不退休。

③ 他｜不想当作家。

④ 他们｜不在学校里学习汉语。

他们｜在学校里不学习汉语。

⑤ 这些学生｜不常常到校外打工。

这些学生｜常常不到校外打工。

这些学生｜常常到校外不打工。

（2）用“不是”否定。如果要否定常然和未然的事实，就在要否定的语义单位之前加“不是”。例如：

① 中国女人｜一般不是 50 岁退休。（“50 岁退休”不是事实）

② 他｜不是想当作家。（“想当作家”不是事实）

③ 他们｜不是在学校里学习汉语。（“在学校里学习汉语”不是事实）

他们｜在学校里不是学习汉语。（“学习汉语”不是事实）

④ 这些学生｜不是常常到校外打工。（“常常到校外打工”不是事实）

这些学生｜常常不是到校外打工。（“到校外打工”不是事实）

这些学生｜常常到校外不是打工。（“打工”不是事实）

已然的动作或事件要用发生态，前面说过，发生态的否定式是在要否定的语义单位的前面加“没（有）”。

5.3 主动句的时间表示法

要表示在某个特定的时间做某事，就在要限定的语义单位的前面加时间字词。例如：

① 他｜以前想当作家。

② 李冰｜小时候最喜欢游泳和滑冰。

③ 他们｜去年没在学校里学习汉语。

④ 校长｜今天要出去开会。

⑤ 那些外国人｜明天不去长城。

⑥ 这些学生｜常常到校外打工。

⑦ 他｜必须每天都上班。

⑧ 很多年轻人｜都在这时候结婚。

## 6. 被动句

6.1 什么是“被动句”

主体是受动者、述体是施动者的句子叫被动句。我们把被动句分为无标记被动句和有标记被动句两类。下面分别讨论。

6.2 无标记被动句

要说明某人或某物受到什么作用或影响，产生了什么结果，就用无标记被动句。

（1）无标记被动句的生成方式和语义结构特点。无标记被动句的生成方式是“主体＋动词（动字结构）”，语义结构特点是：主体是受动者，述体包括施动者的行动＋施动者行动的结果或对受动者造成的影响。例如：

① 桌子｜放在门口。
② 住宅楼｜建在山坡上。
③ 他的喜怒哀乐｜都写在脸上。
④ 院子｜打扫得很干净。
⑤ 他的钱包｜丢了。
⑥ 那个杯子｜打破了。
⑦ 绿队｜打败了。
⑧ 问题｜已经解决。
⑨ 那个小偷｜在派出所关了 24 小时。
⑩ 他买的那件新衣服｜弄脏了。

（2）无标记被动句的否定式。无标记被动句一般是用“不是、不会、不要”否定常然和未然的动作，“不是、不会、不要”也应放在要否定的语义单位的前面。例如：

① 桌子不是放在门口。
　桌子｜不会放在门口。
　桌子｜不要放在门口。
② 住宅楼｜不是建在山坡上。
　住宅楼｜不会建在山坡上。
　住宅楼｜不要建在山坡上。

无标记被动句的述体如果是“动得静”短语，否定式就是“动得静”短语的否定式。前面说过，“动得静”短语表示可能或结果，表示可能的否定式是“动不静”，表示结果的否定式是“动得不静”。试比较：

① 这件衣服｜洗得干净。

这件衣服｜洗不干净。

② 这件衣服｜洗得很干净。

这件衣服｜洗得不干净。

③ 屋子｜装修得完。

屋子｜装修不完。

④ 屋子｜装修得很好。

屋子｜装修得不好。

表示已然的动作或事件的无标记被动句也要用发生态，否定式也是用发生态的否定式，即在要否定的语义单位的前面加“没（有）”。

（3）无标记被动句的时间表示法：在动字的前面加时间词语。例如：

① 院子｜以前打扫得不干净。

② 桌子｜今天放在门口。

③ 这个问题｜下周解决。

6.3 有标记被动句

如果要指出施动者，或者要特别强调受动者的被动性，必须用有标记被动句。有标记被动句的语法标记是“被”，也可以用“给、让、叫”等。用“被”的被动句更强调被动性，语气比较严肃；用“给、让、叫”的被动句语气相对随和。

（1）有标记被动句的生成方式和语义结构特点。有标记被动句的生成方式和语义结构特点是：主体（受动者）＋被（给、让、叫）[＋施动者]＋施动者的行动＋施动者行动的结果或对受动者造成的影响。

有标记被动句和无标记被动句的主要区别是：有标记被动句有“被（给、让、叫）[+施动者]”，无标记被动句没有“被（给、让、叫）[+施动者]”。试比较：

① 桌子｜放在门口。
　桌子｜被放在门口。
② 院子｜打扫得很干净。
　院子｜给打扫得很干净。
③ 这间屋子｜装扮得很漂亮。
　这间屋子｜给装扮得很漂亮。
④ 他的钱包｜丢了。
　他的钱包｜给丢了。
　他的钱包｜被我丢了。
⑤ 那个杯子｜打破了。
　那个杯子｜被打破了。
　那个杯子｜叫小家伙打破了。
⑥ 绿队｜打败了。
　绿队｜被打败了。
　绿队｜被红队打败了。
⑦ 问题｜已经解决了。
　问题｜已经被解决了。
　问题｜已经被他们解决了。
⑧ 他买的那件新衣服｜弄脏了。
　他买的那件新衣服｜让弄脏了。
　他买的那件新衣服｜让我弄脏了。
⑨ 那个小偷｜关了 24 小时。
　那个小偷｜被关了 24 小时。
　那个小偷｜被派出所关了 24 小时。
　那个小偷｜在派出所被关了 24 小时。

（2）有标记被动句的否定式。有标记被动句一般用“不要、不会”否定常然和未然的动作，用“没（有）”否定已然的动作。否定词要放在“被（给、让、叫）”的前面。例如：

① 我们｜不要给他吓到。

我们｜不会给他吓到。

② 你们｜不要让他骗了。

我们｜不会让他骗了。

③ 绿队｜没被打败。

④ 他的钱包｜没叫我丢了。

⑤ 那个杯子｜没被打破。

（3）有标记被动句的时间表示法：在“被”（给、让、叫）字的前面加时间词语。例如：

① 桌子｜总是被放在门口。

② 桌子｜已经被放在门口。

③ 绿队｜昨天被打败了。

④ 那个小偷｜去年叫派出所关了 24 小时。

### 7. 叙事句

#### 7.1 什么是叙事句

我们把叙述事件或事物的句子叫做叙事句。叙事句是与行动句相对的句式，前面讨论的主动句和被动句都属于行动句。叙事句跟行动句的主要区别是：行动句的主体和述体之间存在着施受关系，主体或者是施动者，或者是受动者。叙事句的主体和述体之间不存在施受关系，主体只是受述者。叙事句也不同于是非句、存在句、有无句和描述句。叙事句的述体不说明主体“是什么”或“不是什么”，不说明主体是否存在于某处或是否拥有什么，也不描述主体的特点。叙事句的述体只是对主体进行一般性叙述。

#### 7.2 叙事句的语义结构特点

常见的叙事句至少有以下语义结构特点：

（1）主体是时间、地点等特定的条件，述体是特定条件下发生的情况或事件。例如：

① 今天｜星期六。

② 周末｜不上课。

③ 这里｜常常下雨吗？

④ 上汉语课的时候｜没有人说英语。

⑤ 参观以后｜我们一起吃饭吧。

⑥ 中国南方｜是不是很少下雪？

⑦ 住宅楼｜以前不允许开公司。

（2）主体是特定的情况或事件，述体对此情况或事件加以评述。例如：

① 打的｜比较快。

② 见到您｜真高兴！

③ 人生七十｜古来稀。

④ 开车｜一个小时就到。

⑤ 晚上坐火车｜一点也不耽误白天的工作。

⑥ 这件事｜必须坚持下去。（邓小平，《改革开放是很大的试验》）

⑦ 问题｜在于对“北京语音”的理解。（吕叔湘，《汉语研究工作者的当前任务》）

⑧ 不管做哪种学问，｜总不外乎“摆事实、讲道理”六个字。（吕叔湘，《把我国语言科学推向前进》）

⑨ 一万年｜太久。

⑩ 两个人｜就够。

（3）主体是事物，述体说明该事物的遭遇或受到的影响。例如：

① 我的肚子｜笑疼了。

② 两只眼睛｜哭得通红通红的。

## 三、关于句法教学

汉语语法教学包括字法教学、词法教学和句法教学。前面提到，汉语各级单位生成方式的一致性和结构类型的一致性，决定了我们可以用同样的思路分析字法、词法和句法。可以用同样的思路分析字法、词法和句法，就可以用同样的思路进行字法教学、词法教学和句法教学。字法教学必须建立起科学的字法教学系统，同理，词法教学必须建立起科学的词法教学系统，句法教学必须建立起科学的句法教学系统，并使字法教学系统、词法教学系统和句法教学系统达到科学统一。我们在上一讲讨论的词法教学的要点——以字义为基础，以意合为主线；以旧带新，滚雪球和搭积木；归纳和提示；抓住难点，突出重点——就代表词法教学系统的具体方法。句法教学在字法教学和词法教学的基础上进行，也要以意合为主线，也要采用以旧带新、滚雪球和搭积木以及归纳和提示的方法，也要抓住难点、突出重点。除此之外，还要注重以下要点：

### 1. 以培养交际能力为目的

语言教学的直接目的是培养学生的语言能力和语言交际能力。句子是语言交际的基本单位，培养语言能力和语言交际能力，要以句法教学为中心。句子由字、词组成，又直接通向课文，只有以句法教学为中心，遵循“以字组词、以字词组句、以句组篇”的教学程序，才能实现字法教学、词法教学、句法教学和课文教学的科学统一。

以句法教学为中心，要处理好句法教学跟字法教学和词法教学的关系，也要处理好句法教学跟课文教学的关系。下面分别说明。

（1）要处理好句法教学跟字法教学和词法教学的关系。处理好句法教学跟字法教学和词法教学的关系，要注意防止两种偏向：一是因急于培养交际能力而轻视字法和词法基本功的训练，二是孤立地进行字法和词法教学而忽视与句法教学相结合。相对于句法教学，字法和词法教学是基础，只有把字法和词法的基础打好了，句法教学才能顺利进行。因此，决不能轻视字法和词法基本功的训练。急于求成必将导致欲速则不达。句子是语言交际的基本单位，脱离句法教学的字法和词法教学就是脱离交际的教学；字、词要放在句子中才能真正理解，也只有放在句子中进行反复操练，才能达到巩固和熟练。因此，决不能孤立地进行字法和词法教学而忽视与句法教学相结合。词典式的语言教学不可能取得好的效果。

（2）要处理好句法教学跟课文教学的关系。组合汉语教学要求“以句组篇”，就是要求做到句法教学与课文教学相结合，“篇”是指课文。“以句组篇”是为了培养连续表达能力，也是为了把学过的字词和句型放在一定的语言环境中进行全面复习，帮助学生在体会语境、增强语感的同时加深对字词句的理解。不过，组合汉语教学不主张“以课文为中心”。连续表达主要是语义连贯的问题，语义连贯主要是逻辑上的问题。字、词、句掌握好了，逻辑上的语义连贯就相对容易。因此，在组合汉语教学中，“课文”只起“配角”的作用，培养交际能力要把句法放在“主角”的位置上。

### 2. 以主述结构为核心

主述结构是汉语句法结构的核心，也应成为句法教学的核心。句法教学以主述结构为核心，既是突出意合特点的需要，也是突出教学重点的需要。

主体和述体是两个互相依存的语义单位，主述结构的教学，就是帮助学生理解和掌握主体和述体之间的组合关系，以及主述结构与主述结构之间的组合关系。这就是突出意合的特点。

汉语基本句的结构就是主述结构，复合句由基本句组合生成，由基本句组合生成就是主述结构与主述结构的组合生成。抓住了主述结构，就是抓住了句法结构的脉络，也就是突出了教学的重点。

主述结构的组合关系代表汉语使用者的思维过程和表达程序，说明汉语使用者的表达程序跟思维过程完全一致。句法教学以主述结构为核心，可以更加直接地帮助学生理解汉语使用者的思维模式，尽快养成用汉语思维的能力。

### 3. 把句型操练作为培养口头表达能力的主要手段

句型是句子的代表，集中体现句法规则。要帮助学生掌握句法规则，学会用句子交际，就必须对句型进行操练。“操练”本是体育和军事训练的用语，把它借用到语言教学中来，我认为特别合适。要熟练掌握一种复杂的技能，非经过操练不可。句型有固定的规则，要把固定的规则转化为运用这种规则的技能，靠讲解不行，靠一般性的练习不够。体育和军事操练就是对某些复杂的动作进行大量的、反复的训练，口头表达是更加复杂的动作，更要进行大量的和反复的训练，才能达到熟练掌握。

在汉语作为第二语言教学中，有一种现象可能大家都已经发现，这就是：在基础阶段，学生的口头表达能力进步较快，越往后，口头表达能力越不见长进。为什么？在我看来，就是“以课文为中心”所导致的结果。中国对外汉语教学在发展过程中，曾经把初级阶段的教学划分为语音阶段、语法阶段和短文阶段。语法阶段时间不长，所教语法都是“基本语法”。后来引进的句型教学，主要应用在语法阶段，进入对外汉语教材的句型，主要是基本句（单句）的句型，复合句（复句）的句型，尤其是多重复合句的句型，基本上没有作为操练项目进入教材。语法阶段之后，因为以课文为中心，就减少甚至取消了句型操练。句型操练是“滚雪球”和“搭积木”的最有效的方法，也是进行口头表达训练的最好的“抓手”。不通过复合句的句型操练让学生熟练掌握复合句的句法规则，单靠课文教学，学生的口头表达能力就很难进一步提高。这就导致学生的口头表达不得不停留在基本句的使用上，要使用复杂的句子就比较困难。根据以往的经验教训，以及对复合句句型的新的研究成果，组合汉语教学主张把句型操练作为培养口头表达能力的主要手段，贯彻教学全过程的始终。只有把句型操练贯彻教学全过程的始终，才能对基本句、基本复合句和多重复合句的句型进行全面和系统的操练。

4. 由易到难和循序渐进

把“由易到难”和“循序渐进”相提并论，是因为这两者不是等同的概念。一般说来，难易程度由两个方面的因素决定，一是习惯方面的，二是结构方面的。难易程度的决定因素不同，处理的方法也不应相同。

凡由习惯方面的因素决定的难点，处理的方法应是反复进行强化练习，不必过多地考虑教学顺序。例如，对英语使用者来说，由时间、地点、方位、数量等担任主体的句子以及无标记被动句、描述句、叙事句等都是难点，这类句子的结构不一定都很复杂，之所以成为难点，是因为与英语的表达习惯不同。学生出错，多半也不是理解上的错误，而是习惯上的错误。对于习惯上的错误，就要通过反复练习，养成新的习惯。这类句子的结构也有复杂程度的差别，如果涉及复杂程度的差别，就要根据复杂程度排序。

凡由结构方面的因素决定的难点，都应该根据结构的复杂程度排序。根据结构的复杂程度排序，一是按照由基本句到基本复合句再到多重复合句的顺序排序，二是对基本句、基本复合句和多重复合句也根据难易程度排序。这两点要同时考虑。我们在讲笔画教学时，曾举例说明，笔画教学由简单到复杂并不意味着要先教完所有的基本笔画才教复合笔画，也不意味着要先教完所有的基本复合笔画才教多重复合笔画。同理，按照由基本句到基本复合句再到多重复合句的顺序排序，并不意味着要先教完所有的基本句才教复合句，也不意味着要先教完所有的基本复合句才教多重复合句。事实上，有些基本句可能比复合句更加复杂，有些基本复合句可能比多重复合句更加复杂。

我们认为，基本句中最复杂的是“把”字句。前面说过，“把”字句至少套着三层主述结构：“把”字句本身是第一层主述结构，“把”字短语是第二层主述结构，“把”字后面的成分是第三层主述结构。“把”字短语中还可能包含其他主述结构。主述结构的主体都是有定的，这也是“把”字句的条件之一，例如，不能说“我把三个练习做完了”。“把”的对象可能是受动者，也可能是施动者，还可能是受述者，因此，主述关系中还套着施动关系或动受关系。“把”字短语要包含结果义，这类结果义要有动结式动词担任，或者由动补式动词或状态动词担任，这就使“把”字短语要包含动结关系或动补关系。“把”字短语对动词有选择性，例如，自动字不能用在“把”字短语中，不能说“那棵树把花开多了”。第二语言学习者觉得“把”字句难，难就难在它包含的组合关系多，要求的条件多。

我们认为，复合句中最复杂的是多重复合句中的连锁复句和主述复句。这两类复句包容性最强，并列复句、递进复句、转折复句、因果复句、条件复句、假设复句、连动复句、连锁复句、主述复句等都可以担任主述复句和连锁复句的分句，形成主述关系和连锁关系。其中，主述复句的使用频率最高，更应受到足够的重视。

句法教学循序渐进，就是先教简单的生成方式和组合关系，由简单到复杂逐步推进，保证新教的句式中包含的新的生成方式和组合关系不超过一个。

# 第八讲　汉语水平等级划分和测试设计

一、关于语言测试

二、汉语水平等级划分

三、汉语测试设计

上面的七讲，是关于教什么、怎么学和怎么教的。这一讲讨论汉语水平等级划分和测试设计，主要是讨论测试大纲的研究和制定。我们要研究的测试大纲，是基于组合汉语理论的测试大纲。研究和制定测试大纲，是为了给制定组合汉语教学的教学大纲和编写组合汉语教材提供依据。

## 一、关于语言测试

### 1. 水平测试和成绩测试

语言测试有多种类型，其中包括水平测试和成绩测试。水平测试是一种“通用测试”，目的是测量被测者的第二语言水平，不管被测者学了多长时间，也不管他们是在哪儿学的，用的什么教材。成绩测试是特定教学机构的“专用测试”，目的是测量特定的教学对象在特定的教学阶段用特定的教材所取得的学习成绩。学习成绩当然也反映一定的语言水平。这说明成绩测试和水平测试有一定的共同点，共同点就是都要测量被测者的语言水平。成绩测试和水平测试的这一共同点决定了“专用测试”有可能向“通用测试”靠拢。这里拿成绩测试和水平测试相提并论，就是为了研究“专用测试”向“通用测试”靠拢的可能性。

### 2. 语言测试标准

语言测试是为了测量被测者的语言能力和语言交际能力，我们把被测者的语言能力和语言交际能力简称为“被测能力”。被测能力就代表被测者的语言能力和语言交际能力。要测量被测能力，就必须制定测试标准。测试标准要包括最高标准和等级标准。如果拿一把尺子打比方，这把尺子的长度就是最高标准，尺子上有一系列的刻度，刻度就是等级标准。语言测试为什么既要规定最高标准，又要规定等级标准？规定最高标准，是为了确定语言学习和教学的最终目标；规定等级标准，是为了确定语言学习和教学的阶段性目标，显示某一等级跟最终目标的距离，并对被测能力作出等级评定。等级评定的目的就是对不同的被测能力加以区分和进行比较。

语言测试要解决的首要问题是怎样制定测试标准和怎样划分测试标准的等级。测试标准的等级就代表被测的语言水平的等级。

### 3. 语言测试的设计原则

语言测试设计包括测试标准设计、测试标准等级划分设计和试卷设计等。我们认为，这几项设计要分别遵循下列原则：

（1）测试标准设计的交际性原则。这里所说的交际性原则，是指测试标准的设计要针对语言交际的客观需要。语言测试是为了测量被测者的语言交际能力，设计测试标准，要保证所定的标准能够界定达到什么样的标准就具有什么样的语言交际能力，具有什么样的语言交际能力就能承担什么样的交际任务。这就是针对语言交际的客观需要。我们提出交际性原则，是因为对语言交际能力的要求是由交际任务决定的，交际任务不同，对语言交际能力的要求也不同。例如，同样是担任翻译，担任同声传译和担任初级翻译对语言交际能力的要求就有很大的不同；同样是从事商品营销工作，进行营销谈判和从事销售服务（站柜台）对语言交际能力的要求也有很大的不同。只有针对语言使用的客观需要设计测试标准，所定的标准才具有社会应用价值。

（2）测试标准等级划分的科学性原则。这里所说的科学性原则，是指根据语言规律划分测试标准的等级。语言交际能力反映对语言规律的掌握程度，就汉语而言，就是反映对汉字和字法、词汇和词法、句型和句法的掌握程度。对汉字和字法、词汇和词法、句型和句法的掌握程度就是汉语测试的内容。汉字和字法、词汇和词法、句型和句法，都包括汉字、词汇、句型的数量和语法结构。根据语言规律划分测试标准的等级，就是把汉字、词汇、句型的数量和语法结构的复杂程度作为等级划分的标准。这里有两个标准，一是数量标准，二是结构标准。为什么要规定两个标准？因为语言交际能力就是由所掌握的汉字、词汇、句型的数量以及所掌握的语法结构的复杂程度这两个方面的因素决定的，数量的大小跟结构的复杂程度不是自动对应的，所以不能以一个标准代替另一个标准。因为两者不能自动对应和互相代替，在数量和结构的对应关系上就需要人工搭配，人工搭配就是人为规定用多少和哪些汉字、词汇、句型跟哪些语法结构相搭配。这需要参照教学经验。语法结构是客观存在，教学经验却有一定的主观性。为了保证等级划分的客观性和测试结果的真实性和有效性，不但要研究语法结构的难易程度，而且要研究语法结构的难易程度跟汉字、词汇和句型的搭配关系，也就是要研究用多少和哪些汉字、词汇和句型跟哪些语法结构相搭配。用多少和哪些汉字、词汇和句型跟哪些语法结构相搭配最为客观和有效，需要进行反复试测，以有计划的反复试测的结果为依据。只有经过有计划的反复试测，才能划分出科学、客观、有效的测试标准的等级。

（3）试卷设计和命题的简约性原则。这里所说的简约性，是指用尽可能简短的试卷全面而真实地测出被测能力。如果试题太多，试卷太长，就会给被测者带来过重的考试负担，也要增加命题、阅卷、评分、统计等项测试工作的成本。汉语测试完全可以用简短的试卷完成测试任务，原因是：汉语的字法系统、词法系统、句法系统有一定的内在联系，都包括由简单到复杂的组合生成；各级语法单位的生成方式、组合关系和语义结构特点都有一定的共同点和核心点，这些共同点和核心点都有一定的等级区分作用；测试命题只要聚焦于相关的共同点和核心点，把相关的共同点和核心点作为“测试焦点”，就可以用少量的试题全面而真实地测出被测能力。如前所说，基本句中最复杂的是“把”字句，复合句中最复杂的是多重复合句中的连锁复句和主述复句，如果能够证明掌握了“把”字句，就能证明比较全面地掌握了基本句，如果能证明掌握了多重复合句中的连锁复句和主述复句，就能证明比较全面地掌握了复合句。因此，“把”字句应成为基本句的“测试焦点”，多重复合句中的连锁复句和主述复句应成为复合句的“测试焦点”。充分利用“测试焦点”，就可以用较短的试卷真实而全面地测出被测能力。这就是测试试卷设计和命题的简约性。用较短的试卷真实而全面地测出被测能力，可以减轻被测的考试负担，也可以节约测试工作的成本。

上述语言测试的设计原则既适用于水平测试，也适用于成绩测试。只要共同遵守这些原则，成绩测试就能够向水平测试靠拢。

## 二、汉语水平等级划分

我们也赞成把汉语水平等级分为初、中、高三等，三等下面还可以分级，例如每等都可以再分为 A、B、C 三级。不过等级的划分要能针对汉语使用能力的客观需要并反映汉语的客观规律，也就是要遵循交际性原则和科学性原则。组合汉语语法包括字法、词法和句法，字法、词法和句法的复杂程度都容易区分，这就为科学地划分汉语水平的等级标准提供了更好的条件。下面就是根据组合汉语理论和已有的教学经验提出的初、中、高三个等级的初步标准，其中的高级也是最高标准。提供初步标准，是为了给研究试测方案和试测试卷提供起码的参考，也是为了给组合汉语教材的编写提供起码的参考。

1. 初级

（1）全面掌握汉字字法知识、词法知识、基本句句法知识、简单的基本复合句知识和相应的文化知识；掌握 500 ~ 600 个常用汉字、800 ~ 900 个常用词汇，常用字词总数为 1300 ~ 1500 个。

（2）全面掌握相应的读、写、听、说技能。

（3）能在日常生活中用汉语交际。

（4）能用汉语进行工作交谈和社交活动，能担任初级翻译。

（5）具备学习中级汉语的能力和汉语自学能力。

（6）成绩优秀者如果其他条件也合适，经过教学培训，可担任幼儿和小学低年级汉语教师。

2. 中级

（1）全面掌握基本复合句知识、简单的多重复合句知识和相应的文化知识；累计掌握 1500 ~ 1700 个常用汉字、2800 ~ 3000 个常用词汇，常用字词总数达到 4300 ~ 4700 个。

（2）具有相应的读、写、听、说技能。

（3）能区分汉语口语和书面语，具有初步的语体转换能力，能听懂地方普通话。

（4）能用汉语进行商务、外交等方面的日常工作，能起草相关的文书，能担任导游和中级翻译（就是除了重要文件定稿工作以外的普通翻译）。

（5）具有学习高级汉语的能力和较强的汉语自学能力，能用汉语学习各种专业。

（6）如果其他条件也合适，经过教学培训，可担任初级汉语教师。

3. 高级

（1）全面掌握多重复合句知识、古代汉语基础知识和相应的文化知识；累计掌握汉字 2500 ~ 3000 个、词汇 5800 ~ 6000 个，字词总数达到 8300 ~ 9000 个。

（2）具有相应的读、写、听、说技能和浅显古文的阅读能力。

（3）能进行口语和书面语的自由变换。

（4）能顺利地用汉语进行商务、外交、新闻、法律、科技等职业性和专业性工作。

（5）能担任高级翻译（包括承担重要文件的定稿任务）；经过相关培训，可担任同声传译。

（6）如果其他条件也合适，经过教学培训，可担任各级汉语教师。

上述初、中、高三等，要经过试测和调整后才能最后确定。如何在三等下面分级，还需要进一步研究，也需要经过试测和调整的程序。

## 三、汉语测试设计

前面已经讨论过语言测试的三项原则和等级划分的标准，这些都是测试设计的内容。这里再专门讨论测试设计，主要是讨论测试大纲的设计和制定。语言测试的原则、标准、内容等都要用大纲的形式固定下来，所以测试大纲的制定是测试设计的首要任务。

### 1. 水平测试大纲

前面说过，水平测试是“通用测试”。作为“通用测试”，水平测试大纲应包括下列内容：

（1）测试原则。

（2）最高标准和等级标准。

（3）各个等级的测试内容。

（4）评分标准。

（5）样卷。

水平测试大纲的各项内容对语言教学有导向作用，可以作为教材编写的依据。以水平测试大纲为依据，是保证教材科学性和实用性的前提条件。

### 2. 成绩测试大纲

成绩测试是“专用测试”，目的是测量特定的教学对象在特定的教学阶段用特定的教材所取得的学习成绩。这一特点决定了成绩测试必须跟教学机构的学制保持一致，必须以所用教材为依据。也就是说，要根据学制和教材的特点进行，例如单元测试、期中测试、期末测试、学年测试、毕业测试等阶段性测试，这些阶段性测试都要规定相应的测试标准和测试内容，标准和内容的规定也必须以教材为依据。这就是成绩测试大纲跟水平测试大纲的区别所在。

### 3. 从水平测试大纲到成绩测试大纲

成绩测试大纲虽然不同于水平测试大纲，但是两者都遵循同样的测试原则，成绩测试的标准和内容实际上都包含在水平测试大纲的范围之内。成绩测试大纲的制定要以教材为依据，而教材的依据是水平测试大纲。这就说明，成绩测试大纲是由水平测试大纲发展而来，是对水平测试大纲的细化。就设计程序而言，是先制定水平测试大纲，然后根据水平测试大纲编写教材，再根据教材制定成绩测试大纲。流程图如下：

水平测试大纲→教材→成绩测试大纲

从上面的流程图可以看到水平测试大纲和成绩测试大纲的一致性和兼容性。共同贯彻交际性原则和科学性原则是保证一致性和兼容性的前提条件，其中的科学性原则要从组合汉语理论中发现。

# 第九讲　组合汉语教材的编写和使用

一、概述

二、组合汉语教材的语言学系统

三、组合汉语教材的语言学习系统

四、组合汉语教材的语言交际系统

五、对编写和使用组合汉语教材的特别要求

六、组合汉语教材编写和使用的实例

语言教材是语言理论、语言学习理论和语言教学理论以及语言教学路子、教学模式和教学方法的综合体现，是理论、路子、模式和方法的一面镜子。我们讨论组合汉语教材的编写和使用，不但是为了介绍组合汉语教材的编写方法和使用方法，而且也是为了进一步说明组合汉语理论在汉语（二语）教学中的应用，进一步说明组合汉语教学路子、教学模式和教学方法的特点。

## 一、概述

把“语言教材的编写和使用”合在一起讨论，是因为语言教材的编写和使用有密切的关系。教材为用而写，编写教材必须时刻想着怎样使用；使用教材则必须知道所用的教材是怎样编写的，只有知道这一点，才能按照教材编者的意图使用该教材。

### 1. 为什么埋怨教材不好用

我常常听到某某教材不好用、某某教材也不好用的埋怨声。埋怨教材不好用至少有三个原因：一是教师不了解教材的编写意图，没有根据教材本身的特点使用相关的教材。把阅读教材当口语教材使用、把口语教材当阅读教材使用的情况不在个别。二是教材有明显的缺点，确实不好用，不是不能适应教学对象的特点和需要，就是要让教师花费太多的时间重组教学内容和设计课堂教学的程序。三是教师不理解或者不赞成所用教材的教学路子和编写原则。第一个原因不能怪教材。有些教师喜欢固守自己的教学习惯，喜欢按照自己的教学习惯使用教材。我们认为，教材编写者首先要保证教材的可用性，努力使其易教易学；教材使用者则必须服从教材，不能要求教材服从自己的教学习惯。如果总是要求教材服从自己的习惯，就只能永远使用自己已经习惯了的教材。第二个原因是教材确实不好用，这样的情况难以避免。遇到确实不好用的教材，如果没有更好的选择而必须采用，只要知道是怎样编写的，就可以灵活使用，在使用中进行必要的增补、删减、调整。教材是死的，人是活的。其实，十全十美的教材几乎没有，有经验的教师都能对不好用或者有严重缺点的教材进行必要的调整。如果是第三个原因，特别是如果不赞成相关教材的教学路子和编写原则，最好放弃选用，改用别的教材。从另一方面说，教材编者有责任在教材的编写或使用说明中阐明自己所编教材的语言学依据、教学路子、编写原则、编写方法和使用方法，让使用者了解自己的教材，学会使用自己的教材。有些汉语教材缺少完整的编写和使用说明，这就不利于教师了解并学会使用教材。

### 2. 语言教材编写的基本要求和鉴别标准

无论编写什么样的教材，都要力求使其易教易学，能取得又好又快的教学效果。易教易学并能取得又好又快的教学效果，是语言教材编写的基本要求。只有易教易学才能取得又好又快的教学效果，但是易教易学不一定必然能取得又好又快的教学效果。因此，必须把取得又好又快的教学效果也列为语言教材编写的基本要求。鉴别和选用语言教材也要把是否易教易学、能不能取得又好又快的教学效果作为最重要的标准。

怎样才能做到使所编教材易教易学并能取得又好又快的教学效果？怎样才能知道一部教材是否易教易学、能不能取得又好又快的教学效果？我的回答是：着眼于把握教材的系统特征。

一部语言教材就是一个语言教学系统。这个语言教学系统要包括互相联系的三个子系统，即：语言学系统、语言学习系统、语言交际系统。这三个子系统是客观存在，语言教材无论由谁编写，无论怎样编写，无论编者是否自觉，都离不开这三个子系统。这三个子系统都以一定的方式互相联系，对整个教材系统发挥支撑和制约作用。编写语言教材要努力提高这三个子系统的科学化程度并力求使三者达到科学统一。如果说不同的教材各有特色，特色就体现在三个子系统上，其中的区别就在于三者是否科学、是否统一以及科学化和统一性的程度。三者是否科学、是否统一以及科学化和统一性程度的高低，是教材是不是易教易学的决定性因素，也是教材能不能取得又好又快的教学效果的基本条件。因此，鉴别语言教材也要以三者的科学化和统一性程度为标准。使用语言教材如果发现所用教材在某个方面有某种不足，应设法予以弥补，弥补教材的不足也要在提高教材系统的科学性和系统特征的统一性方面下工夫。

下面就以语言学系统、语言学习系统和语言交际系统为线索，具体说明组合汉语教材的编写和使用。

## 二、组合汉语教材的语言学系统

语言教材的语言学系统，是指教材系统中的语言学依据。语言学依据是语言教学的立足点，从任何一部语言教材中，都可以看到它的语言学依据。组合汉语教材的语言学依据就是组合汉语理论。组合汉语理论认为，汉语是组合型语言，以字为基本结构单位的二合机制是汉语的生成机制和系统特征。根据组合汉语理论，组合汉语教材的编写和使用必须突出以下要点：

### 1. 以汉字为基本教学单位进行组合生成

把汉字作为基本教学单位并建立起科学的汉字教学系统，对建立组合汉语教学系统具有决定性的作用。只有把汉字作为基本教学单位，才能做到从汉字的生成元素（笔画、部件）到汉字，从汉字到词语，从字词到句子，都体现由小到大、由少到多的组合生成。

以汉字为基本教学单位进行组合生成，要突出以下几点：

（1）以“组合”为核心。所谓以“组合”为核心，就是自始至终都要通过从汉字的生成元素（笔画、部件）到汉字的组合，从汉字到词的组合，从字、词到句子的组合，从句子到课文的组合，由下一级单位生成上一级单位。

（2）以字组词、以字词组句、以句组篇。所谓以字组词、以字词组句、以句组篇，就是字和词的教学都不能孤立地进行，要使字、词、句、篇的教学成为一个整体。教字要落实到教词，教字、词要落实到造句；造句是为了交际，交际不能只说一个句子，因此造句必须落实到篇。贯彻“以字组词、以字词组句、以句组篇”的原则，汉字就不是单纯的书写符号，而是汉语组合的基本单位。

（3）突出字、词、句教学的有序性。“有序性”就是体现组合规则和教学程序：根据难易程度选择教学内容，通过演绎和归纳，对字法、词法和句法现象进行分类和归类；通过扩展和组装，进行由字到词、由字词到句子的组合生成；无论是字法、词法和句法现象的分类和归类，还是由字到词、由字词到句子的组合生成，都通过有序练习和适当提示，帮助学生体会和理解组合规则。有序性还包括分阶段突出重点。从以笔画教学和基本字教学的有序性为重点，逐渐过渡到以部件教学和整字教学的有序性为重点，再逐渐过渡到以词法教学和句法教学的有序性为重点。

是以汉字为基本教学单位还是以词为基本教学单位，是把汉字作为汉语的基本单位还是仅仅作为单纯的书写符号，汉字教学是有序还是无序，是区分组合汉语教材和非组合汉语教材的最重要的标准。

### 2. 正确处理书面汉语教学与口头汉语教学的关系

组合汉语重视书面汉语和口头汉语的联系与区别，组合汉语教学要正确处理书面汉语教学和口头汉语教学的关系。所谓正确处理，一是要遵循“随文学语”和“以字组词、以字词组句、以句组篇”的教学程序，二是要通过设计教学模式和具体课目加以落实。组合汉语教材的编写必须针对设定的教学模式下的具体课目，必须根据具体课目的教学要求选择教学内容和教学方法。只要遵循“随文学语”和“以字组词、以字词组句、以句组篇”的教学程序，只要根据具体课目的教学要求选择教学内容和教学方法，就能处理好书面汉语教学与口头汉语教学的关系。是否遵循“随文学语”和“以字组词、以字词组句、以句组篇”的教学程序，是否根据具体课目的教学要求选择教学内容和教学方法，也是区分组合汉语教材和非组合汉语教材的重要标准。

### 3. 以“意合”为主线

作为组合型语言，汉语由字到词、由字词到句子的组合都是意合，组合规则就是意合规则。所谓以“意合”为主线，就是由字到词、由字词到句子的组合，都要贯彻“意合”原则。贯彻“意合”原则，就是以字义为基础，介绍词的生成方式、组合关系和词义结构特点；以主述结构为核心，介绍基本句的生成方式、组合关系和句义结构特点；以基本句为组合单位，介绍基本复合句和多重复合句的生成方式、组合关系和句义结构特点。这就是以“意合”为主线。

是以意合为主线，还是追求词类和句子成分的对应关系，也是区分组合汉语教材和非组合汉语教材的标准。

## 三、组合汉语教材的语言学习系统

语言教学不但要重视教什么和怎么教，而且要重视怎么学。重视怎么学，就是重视语言学习和习得的规律。前面说过，一部语言教材就是一个语言教学系统，这个语言教学系统除了要有一定的语言学依据以外，还要以一定的语言学习理论为依据。所谓语言学习系统，就是对语言学习和习得规律的认识在教材系统中的体现。只有把汉语的特点和汉语学习和习得规律有效地结合起来，才能编写出真正的汉语教材，才能取得理想的教学效果。如果完全按照语言学系统编写教材，编出的教材一定是语言学教材，而不是语言教材；如果认为第二语言技能习得顺序跟第一语言技能习得顺序完全相同，就会采用先语后文、听说领先的教学模式，就不能取得理想的教学效果。组合汉语教材的语言学习系统的基本特点是把汉字作为基本认知单位，注重具象输入和有序输入，并突出以下要点：

### 1. 由简单到复杂

由简单到复杂是知识和技能发展的普遍规律。没有哪个孩子一出生就会跑步，因为从出生到学会跑步要有一个由简单到复杂的发展过程。幼儿要首先学会翻身，然后才能学会坐，接着才能学会站，会站才能学走，会走才能学跑。以上步骤，谁都不能超越。这就是由简单到复杂。语言学习和习得也只能走由简单到复杂的路线。由简单到复杂，汉字教学要从基本笔画教起，由笔画到基本字，由笔画、部件到复合字；词语教学要以汉字教学为基础，由汉字到基本词再到复合词；句子教学要以汉字和词语教学为基础，以主述结构为主线介绍基本句，由基本句到复合句。这样，就能使学生在循序渐进中顺利掌握汉字的字形结构规则，在不知不觉中掌握词语和句子的语义结构规则和用汉语思维的能力。由简单到复杂，还要注意控制每一个教学时段内的字词数量和字、词、句的难易程度，尽可能避免让学生“爬陡坡”。

### 2. 以旧带新

新的知识和技能只能在原有知识和技能的基础上形成，这是知识和技能发展的普遍规律。前面说过，人脑的记忆网络就像一棵树，根生干，干生枝，枝生叶；枝变杈，杈再生枝，枝又生叶，层层叠加。我们的祖先早就参透了其中的道理，只用了“温故而知新”这五个字就把它点破。要达到温故而知新，就必须“以旧带新”。汉语的组合具有“利用旧概念生成新概念”的特点，这一特点为以旧带新提供了最好的条件。组合汉语教学要充分利用汉语组合生成的特点，在字法、词法和句法教学等方面都重视利用旧概念生成新概念，通过以旧带新取得温故而知新的最佳效果。以旧带新跟由简单到复杂是一致和相通的，实际上，只有做到以旧带新，才能实现由简单到复杂。

### 3. 通过自然重复保证重现率

只有保证重现率，才能达到巩固和熟练，才能使学过的知识形成长时记忆，并养成语言习惯。保证重现率，就要根据扩展和组装的原理，在字法、词法和句法教学中都注重以滚雪球和搭积木的方法进行组合生成。滚雪球和搭积木就包含以旧带新和由简单到复杂。这样，汉字和词语都是在以旧带新的过程中自然重复，使学生能在不同的语言环境中重复学过的内容，在由小到大、由少到多的反复练习中达到巩固和熟练。这里讲“自然重复”，是为了表明不是“简单重复”。“简单重复”是一种做作性的、不自然的、为重复而重复的重复；“自然重复”是一种顺从语言规律、有计划地让语言规律发挥作用的重复。只有以滚雪球和搭积木的方式进行组合生成才能达到“自然重复”，其中的“自然”是“顺乎自然”而不是“听其自然”的意思。

语言是人脑对客观世界的反映，语言习得规律必然与语言的特点相吻合。汉语由小到大的组合规则和利用旧概念生成新概念的组合特点决定了汉语习得必然要走以旧带新、从简单到复杂和自然重复的路线。汉语组合的规则和特点又为以旧带新、从简单到复杂和自然重复提供了最好的现实基础。组合汉语教材编写者和使用者的任务就是自觉地把汉语组合的规则和特点跟汉语习得规律有机地结合起来，使两者达到科学统一。

### 4. 从内容到形式都要有吸引力

学习兴趣最能催生学习动力，而学习动力是提高学习效率的必要条件。有些“小人书”大家都爱看，不但小孩儿爱看，成年人也爱看，一看就放不下。为什么？就是因为这些“小人书”有吸引力，能激发阅读兴趣。我常想，如能把汉语教材编得像某些“小人书”那样有吸引力，学生还会不想学吗？当然，说起来容易做起来难。若能很容易做到，为什么那么多汉语教材都是一副铁面孔？大家都在强调提高汉语教材的趣味性，但是时至今日，有些教材还是没有改变板起面孔一本正经地教汉语的状况。板起面孔一本正经地教汉语很难教好，因为学生如果有枯燥感，就不能产生学习兴趣和学习动力。印刷装潢的美观固然重要，但是更重要的是教学内容和教学方法，如果教学内容枯燥乏味，教学方法生硬刻板，还是不能产生吸引力。教学内容的针对性是增强吸引力的条件之一。针对性就是教学内容的组织编排要针对教学对象的特点和需要。教学内容最好有故事性，课与课之间都留有一定的悬念，让学生学完这一课还急于学习下一课。最好也有可表演性，教材编者要学会编连续剧。编出连续剧式的教材不但可以增强吸引力，而且可以更好地创造语言环境，保证字词和句型的重现率。中小学教材还要设计一些歌谣和游戏。

汉语教材如能把科学性、实用性、针对性和趣味性有效地结合起来，就会进入新的境界。这正是要继续努力的方向。

## 四、组合汉语教材的语言交际系统

### 1. 什么是语言交际系统

语言教学的直接目的是帮助学生养成目的语的语言能力和语言交际能力。前面曾经提到教学效果的问题，所谓取得又好又快的教学效果，最终要体现为使学生又好又快地形成目的语的语言能力和语言交际能力。语言能力和语言交际能力由知识和技能两个方面的要素构成。跟语言能力和语言交际能力相关的知识包括语言知识、语用知识和相关的文化知识，这些都要体现在一定的语言材料之中；跟语言能力和语言交际能力相关的技能包括言语技能和相应的言语交际技能，这些技能的获得都要通过一定的语言材料进行演练。由此可见，语言材料是语言教材必不可少的内容。语言教材的课文和练习都是由语言材料组成的，所以也可以说，语言材料是语言教材的中心内容。用于培养语言能力和语言交际能力的语言材料不是任意选取、唾手可得的，必须根据培养语言能力和语言交际能力的需要，有计划地进行选择、组织和编排。我们所说的语言教材的语言交际系统，指的就是语言材料的选择、组织和编排的系统。语言材料的选择、组织和编排是否科学，对培养语言能力和语言交际能力至关重要。

### 2. 怎样保证语言交际系统的科学性

语言交际系统的科学性至少要体现在以下三个方面：

（1）语言材料的适应性和话题的典型性。语言材料的适应性是指所选的语言材料能够适应交际范围的需要。人们用语言进行交际，不同的人群各有自己主要的交际范围。交际范围不同，所用字、词和表达方式就不会完全相同。这就要求教材中的语言材料要与教学对象的交际范围相适应。交际范围可以分为　般性交际和专业性、职业性交际。每个人都要进行一般性交际，所以一般性交际的适应范围最广。因此，语言材料的适应范围，要以一般性交际为基础，从一般性交际向专业性和职业性交际延伸，保证首先学到的字、词和表达方式都是普遍适用的。只有首先学到的字、词和表达方式都是普遍适用的，才能又好又快地养成一般性交际能力，同时保证又好又快地从一般性交际能力向专业性和职业性交际能力过渡。这就是语言材料的适应性。所谓话题的典型性，是指所选语言材料中的话题既有针对性，又能最大限度地兼顾普遍性。语言交际总要以一定的话题为中心，因此，语言能力和语言交际能力的培养，也要围绕一定的话题进行演练。话题就包含在语言材料之中，在语言教材中，语言材料的作用首先是提供合适的话题。人们用语言进行交际，在同样的交际范围内往往有不同的话题，在不同的交际范围内也有相同的话题，各种交际范围内的话题总有交叉性。例如：在一般性交际范围内，往往要谈论人际关系、饮食、起居、恋爱、婚姻、家庭、教育、职业、旅游，等等。又如：在商业性交际范围内，也会涉及上述话题，不过更为重要的可能是商品、质量、价格、运输、货币、合同、法律，等等。再如：在外交场合，同样会涉及上述各种话题，同时又要讨论国与国之间的政治、经济和军事关系，还要讨论在贸易、科技、卫生、安全、环保、文化、教育等领域的双边或多边的交流与合作；不但要讲友好，而且要讲条件，讨价还价、争辩对抗等都在所难免。这些话题在其他交际领域内也可能用到。此外，针对儿童的话题跟针对成人的话题必须有所区别。由此可见，语言教材中的语言材料，所含话题的内容要包罗万象。可是教材的容量毕竟有限，这就需要在选择语言材料时不但要考虑材料本身的适用范围，而且要考虑材料所含话题的适用范围。既有针对性，又能最大限度地兼顾普遍性的话题才是典型的话题，也才是合适的话题。

（2）话题组织和编排的有序性。语言教材既然要包含各种话题，就有一个话题的组织和编排的问题。要使容量有限的教材能够最大限度地满足培养语言能力和语言交际能力的需要，就必须对话题的组织和编排进行精心设计。话题组织和编排的有序性就是通过精心设计，保证话题的常用性和覆盖面，并做到循序渐进和易教易学。话题组织的任务是保证话题的常用性和覆盖面，话题编排的任务是保证循序渐进和易教易学。语言教材中的语言交际系统是否科学，主要取决于话题的组织和编排是否有序。

（3）所教字词的常用性。语言教学不但要保证所教字词的数量，而且要保证所教字、词的常用性，后者更为重要。[①]一般说来，常用字词都出现在常用话题之中，只要话题是常用的，其中的字、词多半也是常用的（如果所选的语言材料中包含太多的非常用字词，就需要作适当的修改）。反过来说，如果有证据证明所教字、词是常用的，就说明这些字、词赖以存在的话题是常用的。因此，我们可以把所教字、词的常用性，尤其是所教汉字的常用性，作为衡量语言交际系统是否科学以及科学化程度的检验标准之一。我们更强调汉字的常用性，是因为跟词语相比，汉字具有更强的生成性和稳定性。

以上三点——语言材料的适应性和话题的典型性，话题组织和编排的有序性，所教字、词的常用性——就是检验语言交际系统是否科学以及科学化程度的标准。只要努力提高语言材料的适应性和话题的典型性、话题组织和编排的有序性以及所教字、词的常用性，并尽可能使三者达到科学统一，就能保证所编教材语言交际系统的科学性。

## 五、对编写和使用组合汉语教材的特别要求

编写和使用组合汉语教材，跟编写和使用其他汉语教材既有共同点，也有不同点。因为有不同点，对编写和使用组合汉语教材就有特别的要求。特别的要求如下：

### 1. 学习新知识

组合汉语理论是一种全新的汉语理论，组合汉语教学路子是根据这种全新的汉语理论设计的一种全新的教学路子。无论是编写组合汉语教材，还是使用组合汉语教材，都需要学习组合汉语的理论和知识，其中包括字法理论和知识、词法理论和知识、句法理论和知识。我们已经讨论过字法和字法教学、词法和词法教学、句法和句法教学，希望这些内容能给组合汉语教材的编写和使用提供理论和知识方面的参考。

### 2. 树立新观念

组合汉语理论代表一种全新的汉语观和汉语教学观。编写和使用组合汉语教材，

① 关于所教字词常用性的重要意义，详见吕必松，汉语词汇和词汇教学，《语言教育和对外汉语教学》，外语教学与研究出版社，2005，102 ~ 104 页。

需要根据组合汉语理论树立新观念。最重要的是树立“汉字本位”观念和“以组合为核心”的观念。

### 3. 养成新习惯

长期形成的一些教学习惯，有些也需要改变。要改变旧习惯，就要养成新习惯。其中包括：改变用汉语拼音教发音和说话的旧习惯，养成直接用汉字教发音和说话的新习惯；改变对汉字的笔画和部件随意称说的旧习惯，养成用组合汉语的统一要求称说笔画和部件的新习惯；改变把笔画、部件和整字当成单纯书写符号的旧习惯，养成把它们作为字内和语内结构单位并用于教发音和说话的新习惯。

以上三个方面的特别要求，是组合汉语教材编写和使用的最起码的要求，也是组合汉语教材编写和使用的刚性规定。所谓刚性规定，就是不允许有任何灵活变通的硬性规定。之所以作出这些刚性规定，是因为只有这样，才能保证组合汉语教材编写的科学性，也才能保证组合汉语教材使用的有效性。

组合汉语教学还处于初创阶段，组合汉语教材的编写和使用还需要积累更多的经验。上面关于组合汉语教材编写和使用的讨论还是粗线条的，还需要花大力气继续探索和细化。我们专门讨论组合汉语教材的编写和使用，是因为教材是课堂教学的基础，要加快发展汉语教学，就必须加强汉语教材建设。组合汉语教材建设的宗旨是让汉语学习者能够用最少的时间学到最需要的汉语，目标是编写出能够满足所有的教育层次、教学类型、课程类型和具体课目的教材，使所有的汉语学习者都能找到最适合自己的教材。这是一项巨大的工程，要经过长期的努力才能完成。因为还要有计划地更新和升级，所以这是一项永无止境的工程。

## 六、组合汉语教材编写和使用的实例

上面关于组合汉语教材编写和使用的讨论，还是偏重于理论。理论毕竟比较抽象，为了让大家获得一点感性认识，我想再用实例说明。

我们正在根据“组合法”编写一部初步定名为《大学汉语》的对外汉语教材，下面就从该书第一册初稿中抽出三课样课，拿来作为实例，具体说明我们怎样按照汉语的特点教汉语。其中包括怎样教汉字，怎样处理汉字教学与汉语教学的关系，怎样发挥汉字教学在汉语教学中的积极作用。拿这三课样课作为实例，也是为了说明：只要以汉字为基本教学单位，建立起科学的汉字教学系统，并以科学的汉字教学系统去统领整个汉语教学系统，就能使汉语学习化难为易，就能大幅度提高汉语教学的质量和效率。我们已经根据“组合法”试编和出版了一部名为《48 小时汉语速成》[①]的对外汉语教材，不拿已经出版和使用的教材而拿正在编写的教材做实例，是因为正在编写的教材能够更好地体现汉语的组合特点，并且融进了“教案”的部分特点，能让教师节省备课时间。不拿中小学教材而拿大学教材做实例，是因为中小学教材还在设计中，暂时还拿不出可用的样课。中小学的汉语教学也要从汉语的特点出发，也要努力提高语言学系统、语言学习系统和语言交际系统的科学化程度并力求使三者达到科学统一，基于组合汉语理论的中小学教材的教学路子跟大学教材的教学路子应该是一致的。因此，透过大学教材也可以看到中小学教材的基本特点。

## 第一课　一个人

### 课堂练习内容提要

**笔画（4）**

一（横）　丨（竖）　丿（撇）　㇏（捺）

**生字（7）**

一 二 三 十 八 人 个

**重点词语（14）**

十一　十二　二十　二十一　三十　三十二　三十八　八十

八十二　一个人　三个人　十八个人　八十二个人　人人

①吕必松编著，北京大学出版社，2010。

## 汉语知识

**教材编写和使用说明**:“汉语知识”是跟本课主要教学内容相关的汉语知识，用媒介语介绍，供学生课前预习和课后复习。学生如果没有时间预习和复习，也可以在课堂上阅读。中文部分放在教师手册里。小学教材不需要这项内容。(“教材编写和使用说明”是给本书读者看的，不是给学生看的，不会出现在课本里。下同)

1. 音节和汉字

（1）音节。音节是口头汉语的读音中心，也是汉语最小的音义单位。说汉语至少要说一个音节，一个音节听起来就是一个音，代表一定的意思。例如：

表 22

| 音节 | yī | èr | sān |
|---|---|---|---|
| 意思 | 1 | 2 | 3 |

我们用汉语拼音书写汉语音节。表 22 中的“yī、èr、sān”是用汉语拼音书写的三个音节，分别代表这三个音节的读音，“1、2、3”分别代表这三个音节的意思。

现代汉语普通话共有 1333 个音节，学会了这 1333 个音节，就是学会了汉语的全部音节。

（2）汉字。汉字是书面汉语的读音中心，也是汉语最小的形音义单位。写汉语至少要写一个汉字，每一个汉字都有自己的读音，一般说来，每一个汉字都有一定的意思。汉字跟汉语音节有对应关系，跟与其相对应的汉语音节的音和义相同。例如：

表 23

| 汉字 | 一 | 二 | 三 |
|---|---|---|---|
| 音节 | yī | èr | sān |
| 意思 | 1 | 2 | 3 |

表 23 中的“一、二、三”是三个汉字，这三个汉字的读音分别是“yī、èr、sān”，意思分别是“1、2、3”。

因为汉字和汉语音节都是汉语的读音中心，汉字和与其相对应的汉语音节的音和义相同，所以学习汉字的音和义就包括学习汉语音节的音和义。

现代汉语共有7000个通用汉字，其中常用汉字只有2500个，这2500个常用汉字的覆盖率可以达到99%以上。因此，只要学会了2500个常用汉字，阅读现代汉语文本就基本上没有文字障碍了。

（3）字。“字”是汉语音节和汉字的统称，汉语音节和汉字都叫“字”。

2. 汉字的笔画

汉字由笔画组成，笔画是汉字最小的书写单位。例如，下面的三个汉字分别由一个、两个和三个笔画组成。

| 汉字 | 笔画 |
| --- | --- |
| 一 | 一 |
| 人 | 丿 ㇏ |
| 个 | 丿 ㇏ 丨 |

汉字共有28个笔画，学会了这28个笔画，就是学会了全部汉字的笔画。

## 课堂练习

**教材编写和使用说明：**“课堂练习”的内容就是课堂教学的内容。把课堂教学叫做“课堂练习”，是为了突出语言教学的特点——课堂上的主要活动是练习。本教材每一课的课堂练习包括综合练习和专项练习两部分，按照课堂教学的程序编排教材内容的顺序。教师可以按照教材的自然顺序进行课堂教学，不需要另花时间组织和编排教学内容。只要熟悉了教材和基本的教学方法，就可以大大节省备课时间。

课堂教学的大部分时间用于口头练习，大部分笔头练习都放在“练习册”里。“练习册”的内容就是家庭作业，学生如果没有时间做家庭作业，也可以在课堂上做。（本文的实例只是“课本”的内容，不包括“练习册”的内容）

★ 综合练习

**教材编写和使用说明：** 综合练习包括“笔画、部件、生字、词语、句型”等项教学内容，语音、语法教学就包括在内。必须解释的内容在需要解释的地方用媒介语解释，可以让学生自己看。中文解释放在教师手册里。

1. 步骤 1

**教材编写和使用说明：** 每课综合练习一般分为两三个或三四个教学步骤。划分教学步骤，就是把要练习的内容分成几段，一段一段地练，使课堂教学具有起伏性和节奏感，避免一次性教得太多而使学生产生疲劳感。

1.1 笔画

一（横）

丨（竖）

**教材编写和使用说明：** 本教材把汉字作为基本教学单位，汉字教学则从笔画教起，在头两个单元（每五课为一个单元），每一个教学步骤的第一项内容就是笔画，全部常用笔画就在这两个单元教完。笔画教学的目的是让学生记住每一个笔画的形状、名称和书写方法。教笔画的形状、名称和书写方法，也是进行语音教学，笔画本身就是形音义相统一的直观教具。教学方法：教师范读，同时空写（“空写”就是用手指凌空书写）；带领学生集体唱读（“唱读”就是像唱歌那样大声朗读）和空写（可利用本教材所附的《汉字笔画挂图》）；指定学生个别朗读和空写（可利用挂图）；指定学生上黑板听写。用“唱读”和“空写”的方法，可以造成轻松的课堂气氛，在轻松的课堂气氛中唱读和空写，口腔和声带都可以放松，容易达到发音准确，也可以在多次重复中不知不觉地记住笔画的名称。

汉字只有 28 个笔画，这 28 个笔画的名称只包含 8 个概念，即：横、竖、撇、捺、点、提、弯、钩。这 8 个概念既是笔画的名称，也是笔画形状和笔画书写方法的名称，这些名称也是必须学习的常用概念。学过的笔画在不同的汉字中反复出现，因为要反复唱读和空写，所以不难记住。

笔画是汉字最小的书写单位，也是汉字的基本组合单位和基本认知单位，所以汉字教学必须从笔画教起，就像教拼音文字必须从字母教起那样。教拼音文字如果不从字母教起，学生就不了解词是由字母组成的，就会觉得一个词就像一串蛇形乱字符；汉字教学如果不从笔画教起，学生就不了解汉字是由笔画组成的，就会觉得一个汉字就像一幅图画。汉字教学是书面汉语教学和口头汉语教学的起点，汉字教学从笔画教起，就意味着整个汉语教学就是从笔画教起。这就是说，笔画教学是整个汉语教学的基础的基础，必须受到高度的重视。任何轻视笔画教学的观念和行为都是有害的。多数汉语作为第二语言学习者熟悉的是拼音文字，使用拼音文字已经成了他们的习惯，由使用拼音文字到学习汉字，就是要改变文字习惯。改变习惯的第一步就是了解和掌握汉字的笔画。习惯的改变是最难的，所以在笔画教学上多下些工夫是完全必要的，不应当认为这是额外增加学习负担。

1.2 生字和词语

**教材编写和使用说明：**教完相关的笔画之后，接着教生字和词语。生字和词语后面有外文翻译。利用学过的笔画教生字，生字中没有不熟悉的笔画，这就叫“汉字教学从笔画教起”。利用学过的生字组词，所教词语中没有生字，这叫“以字组词”。生字和词语教学包括语音教学、字法教学、词法教学，字法教学和词法教学都属于语法教学。教学方法：教师范读，同时空写；带领学生集体唱读和空写（可利用本教材所附的“字卡”）；指定学生朗读和空写（可利用“字卡”）；教完一个步骤下的生字和词语，就指定学生上黑板听写。

（1）一（yī）(数)

一

（2）二（èr）(数)

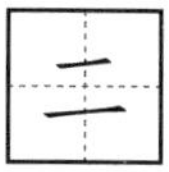

一　二

（3）三（sān）(数)

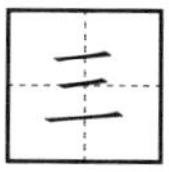

一　二　三

*“一、二、三”的古字由线条组成，用线条的数量代表数目。

**教材编写和使用说明：** 有选择地介绍汉字的造字方法，帮助学生理解和记忆汉字。课本中的介绍都用外文，配以图画，可以让学生自己看。米字格中的汉字显示笔画的正确位置，米字格后面是笔顺，笔顺后面是用于对照的古字。笔顺规则多半体现在基本字之中，教基本字要用“唱读”和“空写”的方法同时教笔顺。

（4）十（shí）(数)

十　一　十

| | | |
|---|---|---|
| 十（10） | 二十（20） | 三十（30） |
| 十一（11） | 二十一（21） | 三十一（31） |
| 十二（12） | 二十二（22） | 三十二（32） |
| 十三（13） | 二十三（23） | 三十三（33） |

**教材编写和使用说明：** 上面的步骤1所教的两个笔画和四个生字以及由这些笔画和生字组成的词语都包括在上表中，可以让学生分别从左到右和从上到下朗读，然后指定学生轮流上黑板听写，直至基本准确和熟练。步骤1的教学到此结束，上表的教学算是这个教学步骤的小结。

本教材从“一、二、三”教起，就是从基本笔画和基本字教起，由基本笔画到复合笔画，由基本字到复合字，贯彻由简单到复杂的原则，可以使汉字学习化难为易。用《48小时汉语速成》学习汉语的学生，没有人反映“汉字难学”。用学过的汉字组词，词语中没有生字，词义跟字义有密切的关系，所以容易理解和记忆，可以使词语的学习化难为易。学习词语，也是复习学过的汉字，学过的汉字都能高频出现，叫做“温故而知新”，可以逐渐达到巩固和熟练。

2. 步骤2

**教材编写和使用说明：** 步骤2的教学程序和方法跟步骤1相同。

2.1 笔画

丿（撇）

㇏（捺）

2.2 生字和词语

（5）八（bā）(数)

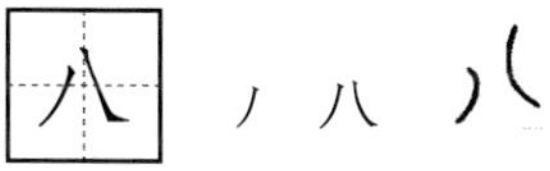

*“八”的古字由相背的两根线条组成，像分开的样子。“八”的本义为分开，借用为数目字“八”。

八

十八

二十八

三十八

八十

八十一

八十二

八十三

八十八

（6）人（rén）(名)

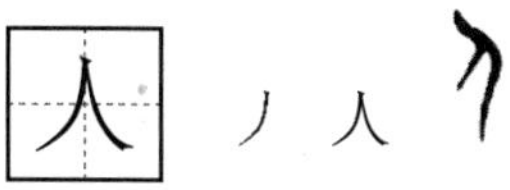

*“人”的古字像一个侧立着的人，用人的形状代表“人”。

人

人人

（7）个（gè）（量，名）（個）

| 个 | 人 个 |
|---|---|

个
一个（yígè）
一个人
三个人
十二个人
八十个人

个
个个

---

**汉语知识例解：数量名短语**

我们把大于字、小于句的固定格式叫做短语。汉语表示人或事物的数量，一般要用数量名短语。数量名短语是由数字、量字、名字组成的固定格式，字序是：数字—量字—名字。例如：

| 数字 | 量字 | 名字 | |
|---|---|---|---|
| Number-*zi* | Measure-*zi* | Name-*zi* | |
| 一 | 个 | 人 | （one person） |
| 三 | 个 | 人 | （three people） |

上面例子中的“一、三”是数字，“个”是量字，“人”是名字。

---

**教材编写和使用说明：**本教材通过两条途径介绍汉语知识。一是在每课的前面设“汉语知识”，结合本课教学内容较为系统地介绍相关的汉语知识，力求使学生对这方面的知识获得整体认识；二是在教学步骤内设“汉语知识例解”，结合特定的教学难点有针对性地介绍相关的汉语知识，帮助学生理解所学的内容。

本步骤最后一个汉字“个”下面的词语，概括了本课所学的全部汉字，是对本课所学汉字的小结。

### ☆ 专项练习

**教材编写和使用说明：**“专项练习”就是对本课所教全部内容分类进行集中练习，这也是对本课所教内容的全面复习和总结。

1. 读和写

（1）笔画唱读、空写和听写

一　丨　丿　㇏

（2）汉字唱读

一　二　三　十　八　人　个

（3）词语唱读和听写

十一　十二　二十　二十一
三十　三十八　八十　八十二
一个人　三个人　十八个人　八十八个人

2. 朗读和口译

十一个人　十二个人
二十个人　三十八个人

**教材编写和使用说明：**上面的“专项练习”概括了本课所教的全部笔画、汉字和词语，如能顺利做完这些练习，就说明本课所教内容学生已全面掌握，达到了教学要求。

本教材的教学时间预设为每课 4 课时（每课时 50 分钟）。本课共教 4 个笔画、由这 4 个笔画组成的 7 个汉字和由这 7 个汉字组成的 14 个词语，平均每课时教 1 个笔画、1.75 个汉字和 3.5 个词语，有足够的练习时间。因为都使用了“滚雪球”和“搭积木”的方法，所教内容都能得到大量的自然重现，根据《48 小时汉语速成》的教学经验，完全可以基本达到熟练掌握。

# 第二课　今天六月一日

**教材编写和使用说明：**提供本课作为实例，是为了显示“滚雪球”和“搭积木”的教学方法，也是为了说明：本教材各课的编写体例、教学程序和教学方法基本相同。

## 课堂练习内容提要

**笔画（4）**

丶（点）㇇（横撇）㇕（横竖）㇆（横竖钩）

**生字（8）**

两 六 口 日 月 明 今 天

**重点词语（15）**

十六　六十　六十六　两个人　两口人　一个月　两个月
一月　二月　三月　月月　六月一日　今天　明天　天天

**句型（1）**

今天六月一日。

## 汉语知识

1. 笔向

汉字笔画的书写有一定的走向，笔画书写的走向叫笔向。笔向类型有：

（1）从左到右

一（横）

（2）从上到下

丨（竖）

（3）从右上到左下

丿（撇）

（4）从左上到右下

㇏（捺），丶（点）

（5）从左下到右上

㇀（提）

（6）弯曲

㇂㇁（弯钩）

2. 字和词

我们把汉语中大于字、小于句的单位叫做“词”。词由字组成。例如：

| 字（*zi*） | | | 词（*zi-groups*） |
|---|---|---|---|
| 一 | 个 | 人 | 一个 |
| | | | 一个人 |

汉语“词”的语法作用跟“字”的语法作用相当。为了叙述的简便，我们在语法上所说的“字”有时也包括“词”。

## 课堂练习

★ 综合练习

1. 步骤 1

1.1 笔画

丶（点）

㇇ ㇖（横撇）

1.2 生字和词语

**教材编写和使用说明：**从本课开始，每个生字中包含的笔画，有当课新教的，也有以前教过的，生字中都没有不熟悉的笔画。词语中包含的汉字，有当课新教的，也有以前教过的，词语中没有不熟悉的汉字。用正在学习的和以前学过的汉字组词，用正在学习的和以前学过的词组成更大的词，叫做“滚雪球”和“搭积木”，“滚雪球”和“搭积木”也是“以旧带新”和“温故知新”。

利用“滚雪球”和“搭积木”的方法，所有的字词都有大量的自然重现。所谓“自然重现”，就是顺乎自然的重现，而不是简单重复。简单重复，例如对学过的汉字和词语要求孤立地写若干遍，会让学生感到厌倦；自然重现，就是让旧知识在新知识中重现，可以避免厌倦感。

（1）六（liù）（数）

六　亠　八
丶　亠　广　六 

**教材编写和使用说明：**“六”由“亠”和“八”两个部件组成，所以先切分成两个部件。因为还没有开始教部件，所以这里不用“部件”这个术语。切分成部件，是为了让学生对汉字的结构特点形成初步的印象，为以后的部件教学作些铺垫。因为还没有用部件组合的方法教整字，所以还要教整字的笔顺。

*“六”的古字像搭在野外用于临时居住的小屋，上面的“亠”代表屋顶，下面的“八”代表柱子。本义为小屋，借用为数目字“六”。

六
十六
六十
六十六

六个人
六十个人
六十六个人

（2）今（jīn）（名）

今　人　亽　今

（3）天（tiān）（名，名量）

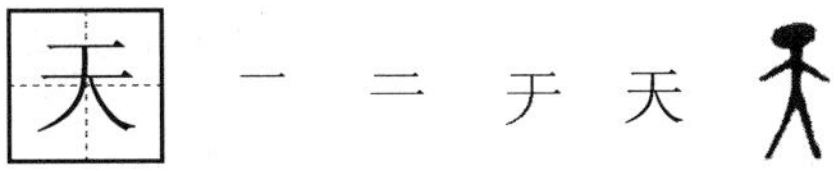

*“天”的古字像正面站立着的人，上面像人头。本义是人头、头顶。因为人头、头顶在人的上部，所以又转指人的上方，即天空。也指地球自转一周的时间（一天）。

　天
一天（yì tiān）
六天
二十六天
三十八天

今天
天天

---

**汉语知识例解：名量字**

有些名字跟数字组合时不需要用量字，这样的名字兼有量字的作用，叫做名量字。例如，我们说“一天”，不说“一个天”。这里的“天”就是名量字。

---

> **教材编写和使用说明：** 本步骤最后一个汉字“天”下面的词语，不但概括了本步骤新学的“六、今、天”三个汉字，而且包含了上一课学习的“一、二、三、八、十”五个汉字。通过这样的自然重现，学过的汉字就能在不断的重现中得到复习和巩固。

2. 步骤 2

2.1 笔画

　ㄱ（横竖）

ㄱ（横竖钩）

**教材编写和使用说明**：笔画“ㄱ”一般叫“横折”，属于基本笔画。我们改称“横竖”，归入复合笔画。改称“横竖”，是为了使笔画的名称跟笔画的走向保持一致。因为已经学过“横”和“竖”，所以“横竖”中就没有新概念。“ㄱ”叫“横竖钩”，只有“钩”一个新概念。把“ㄱ”和“ㄱ”放在一起教，也算是由简单到复杂，而且能体现以旧带新（利用旧概念建立新概念）。其他笔画的教学也贯彻同样的原则。

2.2 生字、词语和句型

（4）口（kǒu）（名，量）

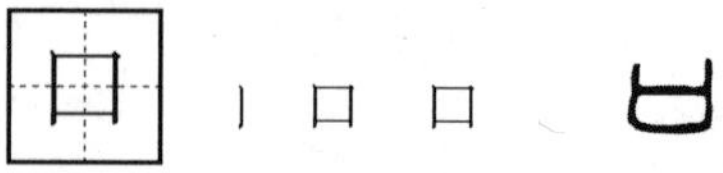

*“口”的古字像嘴的形状，用嘴的形状代表“口”。

口

人口

口

三口人

六口人

（5）日（rì）（名）

*“日”的古字像太阳，用太阳的形状代表“日”。“日”也用于代表地球自转一周的时间（一天）。

（6）月（yuè）（名）

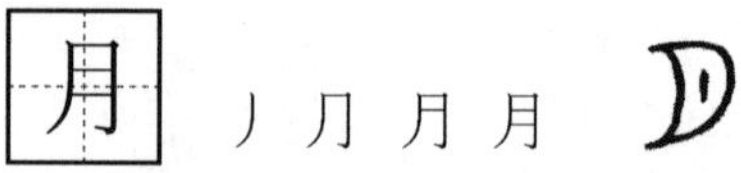

*“月”的古字像月亮，用月亮的形状代表“月”。“月”也指月球绕地球一周的时间（一个月）。

月
一个月
三个月
六个月

月
一月
二月
三月
六月
月月

三月八日
六月一日

（7）明（míng）（静，名）

明　日 月 明 

*“明”由“日”和“月”组成，“日”和“月”都能显示光亮，所以用“明”代表“明亮、光明、明白”等。亦说：太阳升起、月亮落下的时候是天明的时候，所以“明”也代表“天明”。“天明”是又一天的开始，所以“明”也代表未来，例如用于表示“下一天”（明天）。

明
明天

今天六月一日。
明天六月二日。

**教材编写和使用说明：**“今天六月一日、明天六月二日”是句型。这是本教材第一次出现句型，体现“以字组词，以字词组句”的教学程序。通过口头练习，学生就会说这类句子。从第六课（第二单元的第一课）开始出现会话，叫做“以句组篇”。由此可以看到，以汉字为基本教学单位，采用“以字组词、以字词组句、以句组篇”的教学程序，就可以把书面汉语教学和口头汉语教学统一起来，实现书面汉语学习和口头汉语学习的一体化。这样，汉字教学和汉语教学两张皮、书面汉语教学和口头汉语教学互相制约的通病，在组合汉语教学中就不复存在。

组合汉语把汉语的句子分为基本句和复合句两类，复合句又分为基本复合句和多重复合句两类。句法教学也贯彻由简单到复杂的原则，先教基本句，再教基本复合句和多重复合句。基本句由主体和述体两部分组成，主体在前，代表“谁”或“什么”，述体在后，代表“做什么”或“怎么样”。基本句的教学，主要是让学生理解主体和述体的语义结构并能熟练表达。新教的基本句中的主体和述体都是学过的字词，新教的复合句的“分句”都是学过的基本句，都体现“滚雪球”和“搭积木”的教学方法，可以使句子学习化难为易。

（8）两（liǎng）（数）（兩）

两
两天
两个人
两口人
两个月

**汉语知识例解：“二”和“两”**

在数量名短语中，一位数“2”要说“两”，不说“二”；两位数中的“2”要说“二”，不说“两”。

两个人
十二个人
二十个人
两个月
十二个月
二十个月

两天
十二天
二十天

### ☆ 专项练习

**1. 读和写**

（1）笔画唱读、空写和听写

丶 ㇇ 丨 亅

（2）汉字唱读

两 六 口 日 月 明 今 天

（3）词语唱读和听写

十六　六十　六十六
两个人　两口人　六个人　六口人
一月　二月　三月　六月
一个月　两个月　三个月　六个月
二月一日　三月八日　六月一日　今天　明天

**2. 朗读和口译**

（1）口

人口

一口人　两口人　三口人　六口人

（2）天

一天　两天　三天　六天　八天　十天　今天　明天　天天

（3）月

一个月　两个月　三个月　六个月　八个月　十二个月

（4）月

一月　二月　三月　六月　八月　十月　十一月　十二月　月月

（5）……月……日

三月八日（“三八”）　六月一日（“六一”）

十月一日（“十一”）

3. 句型操练

（1）朗读

今天六月一日。

明天六月二日。

（2）替换练习（用括号里的词替换带下画线的词）

今天<u>二月一日</u>。（二月二日，三月八日，十月一日）

# 第十一课　他们是同学

## 课堂练习内容提要

**部件（2）**

口部　讠部旁

**生字（10）**

大 学 习 北 京 和 同 美 法 言

**重点词语（16）**

大人　大家　大学　北京　北京大学（北大）　学习
同学　美国　美国人　法语　法国　法国人　语法
语言　语言大学　北京语言大学（北语）

**句型（2）**

他们学习英语。他们在北京大学学习英语。

## 汉语知识

### 1. 汉字的部件

我们把合体字中大于笔画、小于全字的结构单位叫做部件。例如：

他：由“亻”和“也”两部分组成，“亻”和“也”就是两个部件。
去：由“土”和“厶”两部分组成，“土”和“厶”就是两个部件。
国：由“囗”和“玉”两部分组成，“囗”和“玉”就是两个部件。

部件都是自由形式。所谓自由形式，就是并非只能担任某个特定汉字的部件，而是可以根据一定的条件进行自由组合，担任不同汉字的部件。例如：

亻：你 他 们 住
口：吗 哪 兑（说） 吾（语）
讠：说 语 课
氵：汉 没

上面的“亻、口、讠、氵”都可以在不同的汉字中担任部件，它们都是自由形式。

### 2. 部件的名称和称说

（1）部件的名称。我们用“部件+部”代表部件的名称。上面列举的“亻（你）、也（他）、口（吗）、玉（国）”都是部件，在它们的后面分别加“部”，就成为这些部件的名称。例如：

亻（你）：亻部。（亻＝人）

也（他）：也部。

口（吗）：口部。

玉（国）：玉部。

（2）部件的称说。要称说具体汉字中的部件，只需要在该部件名称的后面加一个表示该部件位置的字。表示部件位置的字有“头、底、旁、边、心、框”。凡属上下结构的汉字，上面的部件都叫“……部头”，下面的部件都叫“……部底”；凡属左右结构的汉字，左边的部件都叫“……部旁”，右边的部件都叫“……部边”；凡属内外结构的汉字，里面的部件都叫“……部心”，外面的部件都叫“……部框”。例如：

“家”是上下结构，“宀”在上面，就叫“宀部头”（“宀”音 bǎo）；“豕”在下面，就叫“豕部底”（“豕”音 shǐ）。

“吗”是左右结构，“口”在左边，就叫“口部旁”；“马”在右边，就叫“马部边”。

“国”是内外结构，“玉”在里面，就叫“玉部心”；“囗”在外面，就叫“囗部框”（“囗”音 wéi）。

### 3. 部件的作用

部件在汉字中有以下三种作用：

（1）担任义符。义符的作用是表示义类。例如：

“家”中的“宀、豕”，“国”中的“囗、玉”，“吗、哪”中的“口”，都是义符。

（2）担任音符。音符的作用是表示音类。例如：

“们”中的“门”（mén），“村”中的“寸”（cùn），“吗”中的“马”（mǎ），“哪”中的“那”（nà），“住”中的“主”（zhǔ），都是音符。（以上音符的声调与全字的声调不同，属于半表音音符）

（3）担任记号。有些部件既不表义，也不表音，它们只起记号的作用。例如：

“去”的古字像人从地穴口走出的样子，字形演变为“去”以后，“土、厶”就成为记号。

“六”的本义是小屋，“亠、八”分别代表房顶和柱子。数目字“六”是假借字，其中的“亠、八”就不再表义，只做记号。

“过”是“過”的简化字。“過”是形声字，其中的“咼”是音符。“寸”是“咼”的简化形式，不再表音，只做记号。

大多数部件都有表义或表音的作用，有的有表义兼表音的作用，所以学习汉字的部件可以帮助理解和记忆汉字。

## 课堂练习

★ 综合练习

1. 步骤 1：部件

**教材编写和使用说明：**前两个单元教完了全部常用笔画，从本单元开始教部件。每一课步骤 1 就是本课要教的重点部件。每一课要教的重点部件在“汉语知识例解”中有详细介绍，作为步骤 1 的部件教学，主要是要求记住相关部件的名称和称说，教学方法与笔画和生字教学的方法相同。

（1）口

口部 （号，吗，哪，和，语，京）

（2）讠

讠部旁（语，说，谢）

2. 步骤 2：生字、词语和句型

（1）大（dà）(静）

大　一 ナ 大 

*“大”的古字像一个正视的大人之形，本义为“人”，借用为大小的“大”。假借字。

**教材编写和使用说明：**本课是第三单元的第一课。第二单元已经介绍过象形字、指事字、会意字、形声字、假借字以及义符和音符，所以从本课开始，在汉字教学中就可以用这些概念解释生字。

大
大人
大家
（2）学（xué）（名，动）（學）

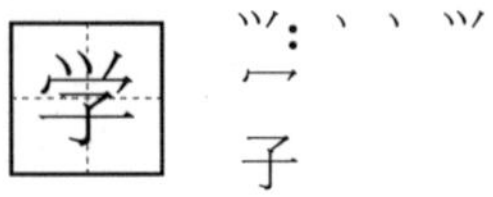

学
大学
在大学

学
学汉语
学日语
学英语
在大学学汉语
在大学学日语
在大学学英语

**汉语知识例解："在"字短语**

"在"字短语是由"在"、表示处所的名字和表示动作的动字组成的固定格式，字序是：在—名字—动字，意为"在哪儿做什么"。例如：

在家看书
在大学学汉语

作为固定格式，“在”在短语的字序不能颠倒，不能说“看书在家”、“学汉语在大学”。

（3）习（xí）（动）（習）

习　㇆　㇆　习　

*“习”是“習”的简化字。“習”的古字上半部像羽毛，代表小鸟；下半部像太阳，代表晴天。小鸟在晴空飞翔，代表练习飞翔。会意字。

习
学习
在大学学习

学习汉语
在大学学习汉语

A：你们在哪儿学习汉语？（日语，英语）
B：我们在大学学习汉语。（日语，英语）

（4）北（běi）（名）

北　丬：丨　丨　丬
　　匕：㇙　匕

（5）京（jīng）（名）

京　亠
　　口
　　小

*“京”的古字像建在高台上的宫殿，代表都城。象形字。

京
北京

北京人
北京大学（北大）

在北京
在北京大学
在北京大学住
在北京大学学习
在北京大学学习英语

陈飞和王玉中在北京大学学习。
他们在北京大学学习英语。
他们在北京大学住。

3. 步骤 3：生字、词语和句型

（6）和（hé）(静，连)

和　禾：丿　禾
　　口

*“和”由“禾”和“口”组成，“口”是义符，“禾”(hé）是义符兼音符。会意兼形声字。“和”的古字音 hè，意为咏唱时保持音调一致，引申为互相关联，用于连接字和词。又解：“禾（hé：standing grain）”的古字像下垂的谷穗，代表庄稼，“口”代表人。人和庄稼互相依存，相依为命，互不侵犯，意为“和谐、和平”。“禾”做部旁时写做“禾”。

---

**汉语知识例解：汉字的部件——口部**

“口”是象形字，担任部件时多做义符。凡有“口”做部件的汉字，其字义多半与口、口的形状或动作等有关。例如：“吗、哪”是表示询问的，询问要用“口”；“号”有“哭叫、呼喊”的意思，哭叫和呼喊也要用“口”；“和”中的“口”代表“人”，“人”有“口”。“吗、哪、号、和”中的“口”都是义符。“京”的古字像建在高台上的宫殿的形状，以宫殿的形状代表都城。字形演变后，“口”成为记号，不是义符。

“口”可以担任部头、部底、部旁、部边、部心。担任部头时叫“口部头”(如“号”)，担任部底时叫“口部底”(如“吾”)，担任部旁时叫“口部旁”(如“吗”)，担任部边时叫“口部边”(如“和”)，担任部心时叫“口部心”(如“京”)。

---

和
你和我
你们和我们
木村和汤一明
中国和日本

---

**汉语知识例解:“和”的用法**

“和”做连字时只能连接字和词，不能连接句子。例如，可以说“他是中国人，我是英国人”，不能说“他是中国人和我是英国人”；可以说“我会说汉语和英语”，不能说“我会说汉语和我会说英语”。

---

(7) 同(tóng)(动)

同　冂　同

同
同学

他们是同学。
木村和汤一明是同学。
马建国和陈飞也是同学。

(8) 美(měi)(静，名)

美　丷
王
大

*“美”的古字上面像“羊”(yáng)，下面是“大”，表示大羊为美。会意字。

美
美国
美国人

*“美国”的“美”是America的音译和“美国”的简称。

汤一明是美国人。

（9）法（fǎ）(名)

法 氵 去

法
语法
汉语语法

我们学习汉语语法。
法
法国
法国人
法语

*“法国”中的“法”是France的音译和法国的简称。

汤一明去过法国。
他在法国学过法语。
他会说法语。

（10）言（yán）(名，动)

言 亠 亖 言

*“言”的古字像舌头，上面的横线表示从这里发出声音，以此代表言语。指事字，做部旁时简化为“讠”(讠= 言)。

---

**汉语知识例解：汉字的部件——讠部旁**

“讠”是“言”的简化形式，只做部旁，叫“讠（言）部旁”。担任义符。凡有“讠”做部旁的汉字，其字义多半与言语有关，例如:“语、说”。

---

言
言语
语言
语言大学
北京语言大学（北语）
在北京语言大学
在北京语言大学学习
在北京语言大学学习汉语

汤一明是美国人，他和木村是同学。
他们在北京语言大学学习汉语。
马建国、陈飞和王玉中是中国人，他们也是同学。
他们在北京大学学习英语和法语。

☆ **专项练习**

1. 声调练习（1+4）

一个　三个　八个
一月　一号　三月　三号　八月　八号　他去　他看
三月三号　八月八号
三个月　八个月

2. 读和写

2.1 部件唱读

**教材编写和使用说明：**从本单元开始，每一课的“专项练习”中都有一项“部件唱读”，目的是让学生记住部件的名称和称说。练习册中有进一步的部件练习。

（1）口（号）
（2）口（吾）
（3）口（吗）
（4）口（和）
（5）口（京）
（6）讠（语）

2.2 汉字唱读

大 学 习 北 京 和 同 美 法 言
**大 学 习 北 京 和 同 美 法 言**

2.3 词语唱读和听写

同学　美国人　去过法国　会说英语和法语
在北京语言大学学习汉语

3. 朗读和口译

（1）马建国、陈飞和王玉中是同学，汤一明和木村也是同学。
（2）马建国、陈飞和王玉中在北京大学学习英语和法语。
（3）汤一明和木村在北京语言大学学习汉语。

4. 句型操练

4.1 替换练习

（1）他们学习汉语。（英语，日语，法语）
（2）他们在中国学习汉语。（北京，北大，北语，美国，日本，英国，法国）
（3）他们是美国人。（中国人，日本人，法国人，英国人）

4.2 把下列句子改为否定式

（1）王玉中和汤一明是同学。
（2）木村学习英语。
（3）他们会说汉语。
（4）马建国来了。
（5）他们今天写了二十个汉字。

4.3 用“哪儿”把下列句子改为问句

（1）他去马建国家。
（2）你去北京大学。
（3）木村在北语学习汉语。
（4）陈飞和王玉中在北大住。
（5）汤一明在马建国家住。

5. 会话

A：马建国和陈飞是同学吗？
B：是，他们是同学。
A：他们在哪儿学习？
B：他们在北京大学学习。
A：汤一明和马建国也是同学吗？
B：他们不是同学。汤一明和木村是同学。
A：汤一明和木村在哪儿学习？
B：他们在北京语言大学学习。
A：他们学习汉语吗？
B：是，他们学习汉语。
A：他们在哪儿住？
B：木村在北京语言大学住，汤一明在马建国家住。

**教材编写和使用说明：**本教材第一册从第二单元开始，每一课都有“会话”，“会话”就是“课文”。“课文”是对本课教学内容的总结和升华，其中没有生字，也没有新的词语和句型。可以用分角色朗读和表演等方法进行练习。“会话”练习的教学目的是把学过的字词和句型放在一定的语言环境中进行全面复习，帮助学生在体会语境、增强语感的同时加深对字词句的理解。组合汉语教学不以课文为中心，课文实际上是对字词和句型教学的配合，不必占用太多的时间。字词和句型才是每课的中心内容，并且要贯彻教学全过程的始终。

为什么要把字、词、句作为教学的中心内容？为什么句型教学也要贯彻教学全过程的始终？因为汉语的特点就是由小到大的层层组合，要通过“以字组词、以字词组句”，才能进入“以句组篇”。其中的关键是在字词教学的基础上进行句型操练。句型操练是“滚雪球”和“搭积木”的最有效的方法，也是进行口头表达训练的最好的“抓手”。句型掌握好了，“组篇”主要是语义连贯的问题，语义连贯主要是逻辑上的问题。传统的对外汉语教学，往往区分语音阶段、语法阶段和短文阶段，“语法阶段”比较重视句型操练，所以学生的口头表达能力进步较快。越往后，学生的口头表达能力越不见长进，有经验的教师大概都有这样的体会。为什么？在我看来，就是因为由“语法阶段”进入“短文阶段”以后，就以课文为中心，放松甚至放弃了句型操练。为什么会放松甚至放弃句型操练？因为“语法阶段”的语法教学，主要是“基本语法”的教学，把“基本语法”化为句型，就限于基本句的句型，很少把复合句，尤其是多重复合句，作为句型操练的内容。这就导致学生的口头表达不得不停留在基本句的使用上，要使用复杂的句子就比较困难。我们用“组合法”进行汉语教学，就是进行由字到词、由字词到句子的组合教学，句子的组合教学就是由基本句到基本复合句再到多重复合句的组合教学。多重复合句的教学是高级阶段语法教学的重点，把句型教学贯彻到底是理所当然。

6. 自由问答

问题：

（1）你和某某是不是同学？

（2）你学习英语（汉语，日语，法语）吗？

（3）你在哪儿学习？

（4）你在哪儿住？

（5）你去没去过英国（法国，日本，美国）？

**教材编写和使用说明：**“自由问答”练习的目的是让学生用学过的字词和句型进行会话，培养自由表达的能力。学生要表达的内容中一定有急用而又没有学过的字词甚至句型，教师可以根据需要进行适当补充。补充的字词和句型因为是学生急用而想学的，所以如果数量不大，也许更容易掌握。

上面的实例所展示的是一种全新的汉语教学系统，这个教学系统由汉字教学系统统领，最大的特点就是以汉字为基本教学单位的组合生成。以汉字为基本教学单位，进行由字到词、由字词到句子的组合都是“意合”和由小到大的“有序组合”，实行由小到大的“有序组合”，就能使整个汉语教学从无序变为有序，就能使汉字和汉语的学习化难为易，就能大幅度提高汉语教学的质量和效率。

# 结束语

各位同行，各位朋友：

我为这次讲习会准备的内容就是这些，已经按计划全部讲完。我要说的结束语就是向大家表示感谢。参加这次讲习会的同行和朋友们放弃了三个周末的休息时间，甚至放弃了一些重要的活动。有的要半夜出发坐好几个小时的汽车才能赶来。我讲的内容虽然十分枯燥，但是大家都能专心听讲，边听边记。所有这些，都让我非常感动。对各位的热心支持，我表示由衷的感谢！我要特别感谢华教中心杨美美主任、三宝颜中华中学吴颂彬副校长。杨主任作为讲习会主持人，不但为我收集提问的问题和安排我作答，还在课间休息时设法活跃会场气氛，帮助大家消除枯燥感和疲劳感。吴颂彬副校长每个周末从三宝颜坐飞机赶来，帮助我修改和放映演示课件。对你们的热心帮助，我再次表示十二分的谢意！我也要感谢我的夫人林英贝老师，她始终跟大家一起听讲，我哪儿讲得太快，哪儿讲得不到位，她都在课后及时提醒，对我的帮助很大。

谢谢大家！

# 附录：汉字笔画表

| 笔画类型 | | 序号 | 名称 | 笔形 | 例字 |
|---|---|---|---|---|---|
| 基本笔画 | | 1 | 横 | ㇐ ㇐ | 一七 |
| | | 2 | 竖 | ㇑ ㇑ | 十五 |
| | | 3 | 撇 | ㇒ ㇒ ㇓ | 千八月 |
| | | 4 | 捺 | ㇏ ㇏ ㇏ | 人走这 |
| | | 5 | 点 | ㇔ ㇔ ㇔ | 六写ㄨ(观) |
| | | 6 | 提 | | 汉提地 |
| 复合笔画 | 基本复合笔画 | 7 | 横竖 | ㇕ | 口五 |
| | | 8 | 横撇 | ㇇ ㇇ | 又今 |
| | | 9 | 横钩 | ㇖ | 了买写 |
| | | 10 | 竖横 | ㇗ | 山四世 |
| | | 11 | 竖提 | ㇙ | 艮叫 |
| | | 12 | 竖钩 | ㇚ | 小 |
| | | 13 | 撇横 | ㇜ | 厶(去) |
| | | 14 | 撇点 | ㇛ | 女 |
| | | 15 | 弯钩 | ㇂ ㇁ | 我家 |
| | 多重复合笔画 | 16 | 横竖横 | ㇅ | 殳凹 |
| | | 17 | 横竖提 | ㇊ | 讠(语) |
| | | 18 | 横竖钩 | ㇆ | 月习 |
| | | 19 | 横弯钩 | ㇈ | 风飞 |
| | | 20 | 横竖横竖 | ㇎ | 凸 |
| | | 21 | 横竖横钩 | ㇠ | 几九乙 |
| | | 22 | 横撇横撇 | ㇋ | 廴(延) |
| | | 23 | 横撇弯钩 | ㇌ | 阝(陈，郑) |

续表

| 笔画类型 | | 序号 | 名称 | 笔形 | 例字 |
|---|---|---|---|---|---|
| 复合笔画 | 多重复合笔画 | 24 | 横撇横竖钩 | ㇡ ㇌ | 乃 场 |
| | | 25 | 竖横竖 | ㇉ | 鼎 |
| | | 26 | 竖横钩 | ㇟ | 儿 也 |
| | | 27 | 竖横竖钩 | ㇉ | 马 号 与 |
| | | 28 | 竖横撇 | ㄣ | 专 |

**说明：**

（1）本表把汉字的笔画分为基本笔画和复合笔画两类，把复合笔画分为基本复合笔画和多重复合笔画两类。笔画的走向基本不变的叫基本笔画，改变一次的叫基本复合笔画，改变两次以上的叫多重复合笔画。

（2）本表把汉字的笔画归结为28个，包括基本笔画6个、基本复合笔画9个、多重复合笔画13个。其中："㇅"只出现于"凸"，"㇉"只出现于"鼎"，"ㄣ"只出现于"专"，它们属于罕用笔画。

（3）汉字的28个笔画含有8个概念，即：横、竖、撇、捺、点、提、弯、钩。这8个概念既是笔画的名称，也是笔画形状和笔画书写方法的名称。

（4）本表力求使笔画名称与笔画走向保持一致。例如，把一般所说的"横折"（㇕）称为"横竖"，"竖折"（㇗）称为"竖横"。

（5）本表把"斜"笔分别并入"横、竖、撇"。例如，"七"的第一笔为"横"，"五"的第二笔为"竖"，"专"的第三笔为"竖横撇"，"厶"的第一笔为"撇横"，"女"的第一笔为"撇点"。

（6）"乙"是个特殊的笔画，本表把它归入"横竖横钩"，作为"㇠"的变体。

（7）本笔画表是《组合汉语知识纲要》[①]所附汉字笔画表的修订版。

林宁先生对本表的研制提出过宝贵的意见。本表关于使笔画名称与笔画走向保持一致的观念和笔画排序的原则等，都吸收了林宁先生的意见。特此致谢！

① 吕必松、赵淑华、林英贝，《组合汉语知识纲要》，北京语言大学出版社，2006。